本专著为国家社会科学基金"十三五规划"教育学青年课题
——行业协会参与现代学徒制"中国化"发展的动力机制研究
（CJA170261）研究成果

行业协会参与现代学徒制发展的动力机制研究

HANGYE XIEHUI CANYU
XIANDAI XUETUZHI FAZHAN DE DONGLI JIZHI YANJIU

崔宏伟 孙 杨 著

人民出版社

目　录

绪　论

一、研究的目的

任何一项研究背后都应当有明确的目的。本研究针对行业协会参与现代学徒制"中国化"发展的动力机制这一主题展开分析，主要目的在于构建理论动力机制模型并关照现实。

第一，依据动力机制在行为驱动中的重要性，从行业协会参与现代学徒制发展的角度，剖析我国行业协会参与现代学徒制发展的现实困境及原因，以激发、保持、增强行业协会参与现代学徒制"中国化"发展的动力为目标，最终构建政府主导、行业协会参与、符合我国国情、合理有序的动力机制，使行业协会对参与现代学徒制发展的需求内在化，形成从内部推动参与的强大的持续驱动力量，为现代学徒制"中国化"持续、深入、健康发展提供保证。第二，让国家决策者、企业、职业院校、学徒等多方利益相关主体认识到行业协会对现代学徒制发展所能起到的重要作用，通过国家和各级政府及时制定行业协会参与现代学徒制发展所需要的政策，确立行业协会的权利，强化行业协会的职业教育责任、义务，确保行业协会参与现代学徒制发展在方向上的正确性，其他相关利益主体主动作为，共同促进现代学徒制教育话语体系的实践转向。第三，梳理国内外行业协会参与现代学徒制的历史演变并进行经验总结，冷静思考德国行业协会参与"双元制"的成功经验，客观、理性地参照其实践模式，为我国职业院校与本科院校在内涵建设上提供错位发展的思路，为促进形成一条有中国特色、更具行业特色、地域特色、实施非同性的特色现代学徒制办学之路贡献力量。第四，试图解读我国学徒制及行业协会参与学徒制发展的相关政策内容，梳理不同时期政策内容的变化，起到总结、剖析和宣传国家政策的目的。

二、研究的意义

本书研究的意义具体包括两个方面，一方面是理论意义，即分析本研究对构建与发展理论的贡献；另一方面是实践意义，即分析本研究对于指导和深化实践的贡献。当前，我国正处在大力发展职业教育、建立现代职业教育体系、全面推进技能型社会建设以及调动行业企业参与职业教育积极性的重要时期，面对我国行业协会参与现代学徒制发展动力不足的现实困境，分析原因、借鉴成功经验并构建动力机制，提出有针对性的对策建议，指明切实可行的改革方向，具有十分重要的意义。从某种意义上说，构建行业协会参与现代学徒制"中国化"发展的动力机制，既是一种理论升华，又是一种实践创新。

（一）理论意义

第一，有利于拓宽行业协会、职业教育、院校发展及动力机制的研究视域。职业教育是国民教育的重要组成部分，院校发展是当前教育研究的重要内容，但是，目前行业协会参与现代学徒制发展的动力机制研究成果并不多，也不够丰富和深入，缺乏系统性和针对性的研究。因此，选取"行业协会""现代学徒制""动力机制"为研究对象，构建行业协会参与现代学徒制发展的动力机制，不仅有助于拓宽行业协会的研究视域，还可以丰富职业教育、院校发展以及动力机制相关理论，为决策和实践提供一些依据。

第二，有利于拓宽职业教育相关利益者合作的理论研究。深化职业教育改革的核心是实现职业教育管理权力的分散，这也是国家政策文件所一再强调的：要构筑新型的、由政府、行业协会、职业院校、企业及其他社会组织等多元利益相关者共同参与的现代职业教育体系。本研究可以进一步丰富职业教育合作问题的研究，为当前科学、有序地开展职业教育相关利益者合作提供理论依据。

第三，有利于获得对行业协会的全方位理性认知，使理论更好地服务实践。本研究着眼于行业协会及职业院校的生存环境与长远发展大局，力求将各动力要素之间的关系转化成持久性动力并形成机制，在古今中外的广阔视野中找寻实现路径，可为行业协会参与现代学徒制发展可持续理论与实践探索提供参考，确保改革在方向上的正确性。

（二）实践意义

行业协会既是发展历史最早、最为成熟的社会组织类型之一，也是社会组织的典型代表之一。在近几年，业务主管部门关于社会组织的管理实践活动中，行业协会的发展最为活跃。行业协会具有相对于政府的独立性、公益性及专业性，掌握行业的优势资源，具有沟通信息、维护良性秩序、平衡和协调利益、进行自律管理等职能，天然具备作为政府、学校与企业之间第三方中介组织的条件。同时实践证明，行业协会是职业教育运作机制的关键环节，可以为现代学徒制持续、深入、健康发展提供保证。"中国特色现代学徒制"于 2014 年 8 月，首次出现在教育部颁布的《关于开展现代学徒制试点工作的建议》官方文件中，该文件支持行业协会参与中国特色现代学徒制，力求通过试点、总结、完善、推广的方式实现现代学徒制"中国化"创新发展，这表明，我国官方对中国特色现代学徒制创新发展的探索已进入实质性阶段。由此可以看出，行业协会作为社会组织代表参与职业教育问题值得重点关注。因此，本研究的实践意义主要在于引起社会各界对行业协会参与现代学徒制发展动力机制的关注，并切实为推动行业协会积极参与提供有价值的参考建议。

当前，在我国现代学徒制培养学徒的格局还主要是以职业院校为主导，行业协会对培养学徒的话语权主张还没有被确认，参与动力不足。构建行业协会成功参与现代学徒制"中国化"发展的有效动力机制，既有助于解决行业协会参与现代学徒制发展实践中的角色定位、职能与责任等具体问题，也有助于正确认识行业协会参与现代学徒制"中国化"发展动力障碍的深层原因；既有助于促进职业院校、企业及政府在现代学徒制教育发展中主动寻求行业协会的服务与指导，也有助于国家下放管理职能，推进职业教育改革，还有助于激发、作用和协调各参与力量，使行业协会参与现代学徒制发展的整体运行从自发走向自觉、从被动走向主动。

三、研究内容

本研究主要遵循"为什么""是什么"以及"怎么做"的分析逻辑对"行业协会参与现代学徒制'中国化'发展的动力机制"主题进行跨越时空的探究，从分析行业协会参与现代学徒制发展的"合理性"入手，厘清我国行业协会参与现代学徒制发展的基本脉络，论证动力不足问题，结合德国行业协会参与学徒制发展的动力分析，提炼出我国行业协会参与现代学徒制发展的成功、可持续发展的动力要素及其之间的关系，并分析动力不足的原因。最终从我国实际国情出发，确立行业协会参与现代学徒制发展动力机制的基本原理和结构，努力构建行业协会参与现代学徒制"中国化"发展动力机制，力求实现在行业协会为主要参与者的多主体共同参与下职业教育的新发展。具体内容设计为以下七个部分：

第一章，即行业协会参与现代学徒制发展理论分析，从核心概念、国内外研究现状以及理论基础三个方面，对行业协会参与现代学徒制发展从理论层面进行分析，为后续分析提供理论依据，是全书开展分析的理论基础。

第二章，即行业协会参与现代学徒制发展的现实合理性分析，亦即"为什么"问题的探讨。从学徒制、行业协会及政府三个视角探究行业协会参与现代学徒制发展的可能性、可行性及必要性，探寻行业协会参与现代学徒制"中国化"发展可能的理论和现实空间。证明本研究存在的价值，是开展分析的现实基础。

第三章，即我国行业协会参与学徒制发展的历史回顾。第三章至第五章是关于"是什么"问题的探讨。将我国行业协会参与学徒制发展的事实置于时代背景之中加以分析，通过客观描述和系统梳理其演变进程，从中探寻规律，总结经验教训，以便与当前形势进行对比研究，以史鉴今。

第四章，即我国行业协会参与现代学徒制发展的现实审视。关注我国行业协会参与现代学徒制发展的现实问题，是本研究的立足点和出发点。该部分内容全面考究当前我国行业协会参与现代学徒制发展现状，重点分析行业协会参与现代学徒制发展到了何种程度，参与的成效及存在的问题有哪些。

第五章，即德国行业协会参与学徒制发展的动力分析。该部分内容以德国行会参与学徒制发展动力分析为研究重点，收集德国行业协会参与学徒制发展的相关文献资料，以严谨的治学态度研究德国行业协会参与现代学徒制发展的表现，对行业协会参与学徒制发展实践作出尽可能客观、周密与完整的描述。力求透彻地分析德国行业协会参与学徒制发展的动力，以便从国际视角中结合我国实际情况借鉴德国经验。

第六章，即我国行业协会参与现代学徒制发展动力研究。本部分内容主要总结归纳行业协会参与现代学徒制的动力要素，然后将其转化为统计数据，运用主成分分析和因子分析法对动力要素进行实证分析，总结行业协会参与的已有动力来源，寻找行业协会参与现代学徒制发展最根本的动力，继而深入探究我国行业协会参与现代学徒制发展动力不足的原因，为后续研究做准备。

第七章，即构建行业协会参与现代学徒制"中国化"发展的动力机制，亦即"怎么做"问题的探讨。在分析行业协会参与现代学徒制发展的影响因素及存在问题的原因基础之上，对动力机制的作用原理以及结构进行研究，然后尝试构建相应的动力机制模型，继而针对行业协会参与现代学徒制"中国化"发展动力机制的系统构建提出对策建议。

四、技术路线

本研究以"行业协会参与现代学徒制'中国化'发展的动力机制"为题，以如何构建动力机制为研究旨归。通过调查研究，梳理我国行业协会参与学徒制的历史轨迹及现实情况；通过充分借鉴相关理论基础，分析行业协会参与过程中出现的动力不足问题及原因；通过国际比较及数量分析，提炼出关键的动力要素；通过理性借鉴对我国学徒制教育影响最为深刻的德国经验，以中国情境为主要发生背景，探究动力机制的原理及结构，最终提出有针对性、本土化的构建建议。具体技术路线如图所示。

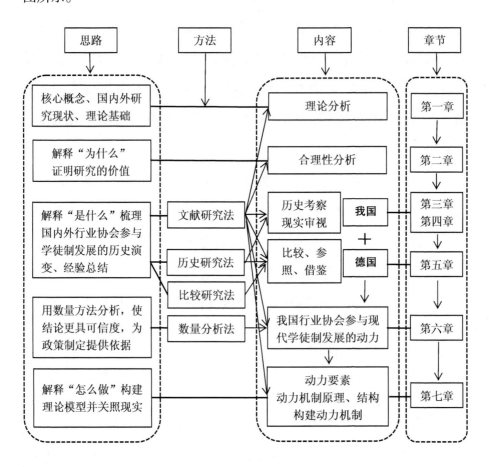

五、研究方法

（一）文献研究法

文献研究贯穿于本研究始终，通过文献研究寻找本研究的理论依据，获取行业协会参与现代学徒制发展的整体性认识。尤其是第三章、第四章和第五章，通过对国内外相关文献的研究，获取我国及德国行业协会参与学徒制发展的原始素材，并进行归纳、分析和总结，把握事物发展、变化的内在联系与历史规律，总结经验与教训。

（二）比较研究法

第五章关于德国行业协会参与现代学徒制发展的动力分析部分，主要应用比较研究法。该部分选取具有不同发展历史、文化以及社会传统的德国来分析一种制度、机制与其成长环境、文化历史之间的特定关系，通过探索规律、冷静思考成功经验，为构建我国行业协会参与现代学徒制"中国化"发展的动力机制提供现实支撑。

（三）数量分析法

数量分析法主要应用于第六章：关于我国行业协会参与现代学徒制发展动力的研究，应用主成分分析和因子分析法，用数量方法参与分析，使结论更具可信度，为政策制定提供依据。

（四）历史研究法

历史研究法主要应用于第三章和第五章，将行业协会参与学徒制发展放回历史领域中加以分析。探寻我国及德国历史上行业协会参与学徒制发展的事实及其演变进程，从历史视角寻找动力要素，并提炼出有益的历史借鉴，为政策制定提供依据。

六、研究的特色与创新

（一）研究视角新颖

本研究提出了一个目前尚缺乏系统研究成果的主题——行业协会参与现代学徒制"中国化"发展的动力机制研究，既从新的视角拓展了现代学徒制"中国化"的相关研究，又拓宽了对行业协会参与的动力机制的研究。

（二）研究内容上有所立异

内容上充分吸收与行业协会参与现代学徒制"中国化"发展有关的研究成果，梳理和整合了动力要素，探索行业协会参与行为背后的深层次动机，通过分析建立动力机制模型，将行业协会及其他相关主体的需求转化为推动行业协会参与现代学徒制发展的可持续动力。

（三）研究方法独特

本研究关于我国行业协会参与现代学徒制发展动力研究部分应用主成分分析和因子分析法，有助于提高研究的科学性、有效性和可信度，因此得到的对策意见更具有说服力和现实借鉴意义。

第一章 行业协会参与现代学徒制发展理论分析

第一节 核心概念厘定

科学合理地界定核心概念是任何论述的逻辑起点。本研究首先需要明确"现代学徒制""行业协会""动力机制"三个核心概念的内涵与外延。

一、现代学徒制

（一）学徒制

在分析"现代学徒制"这一概念前，有必要先了解"学徒制"的发展历程。"现代学徒制"的概念确切地说不完全等同于"学徒制"，然而，现代学徒制也并不是全盘否定学徒制（或者确切地说是"传统学徒制"），而是对传统学徒制的继承和发展，因此，几乎所有关于"现代学徒制"概念的研究都是从"学徒制"开始的。

作为职业教育最初的发展形式——学徒制，学术界对其起源的争论从未停止。回看人类职业教育史，在出现职业教育制度之前，人类最早传承社会生活和生产技术任务主要是依靠学徒制度。最早被作为制度流传下来的职业教育形式就是"学徒制"。

形式的制度化与理论化总是落后于事实中的实践。从人类文明初始存在的父母通过口耳相传和模仿等方式来教授孩子学习基本生活技能的行为，被认为是学徒制最原始的起源，但是当时并未形成制度。古埃及、希腊以及罗马时代都有关于这种原始形态学徒制的记载。但是，此时并未出现"学徒制"这个词汇。青铜器时代以来，随着生产力的发展和社会分工的需要，职业教育通过以家庭关系为基础、尚未完全制度化的学徒制形态传授职业技艺。公元前 1700 多年颁布的古巴比伦法典，把当时手工艺人招收养子并传授他们技艺的做法，以及当时的习惯、不成文的法规等进行了文字化。但是在古代是没有学徒制度的，在拉丁语和希腊语中都不存在相当于"学徒制度"的词，到 13 世纪前后才开始沿用"学徒制"这个词，所以学徒制度被认为起源于中世纪。例如，1261 年，伦敦的马具行会使用了"学徒制"；1276 年德国奥格斯堡颁布的城市法中也包括有关"学徒制"方面的规定。直到 14 世纪在德语文献中才出现学徒这个词语，它的出现意味着职业教育的产生。《新哥伦比亚百科全书（第 4 版）》中指出，"学徒制"是学员为学习一项技艺付出一定年限劳动的制度。2008 年欧洲职业培训发展中心给出了关于学徒制的解释：学徒与雇主之间通过合同发生关联，雇主有为学徒提供在工作场所和教育机构或培训中心之间交替进行的系统性、长期的、面向特定岗位培训的责任，并向学徒支付相应报酬（工资或补贴）。2010 年欧盟统计局指出，学徒制旨在正式教育体系中完成一个既定的教育与培训项目。瑞士苏黎世大学教授高农（Philipp Gonon）2011 年指出，学徒制是一种聚焦于某一特定学习场所以及某种合法性组织背景，教育年轻人使其获得工作与社会生活必备资格，从而获得职业共同体认可的学习模式。学徒制已经由过去的非正式教学安排，转变成为一种能够以适当的方式满足企业与行业需求的职业技术教育类型。欧洲委员会 2012 年对学徒制作出了界定：学徒制是一种结合学校教育（在学校或培训中心理论 / 实践教育期）与企业培训（工作场所实践工作经验期）由国家统一认证职业资格水平的正式职业教育形式，该界定相对比较宽泛。

我国曾在不同历史阶段出现过类似"学徒制"的如"艺徒教育""师徒制""学徒培训"等称呼，虽然说法不同，但是其核心要义都是师徒间的一种技能传承的契约制度，有些时候还包括人身依附的契约文化。这种在中国延续了几百年甚至几千年的方式或制度，成为当时实现代际传承技能的、有效的职业教育形态。在奴隶社会、封建社会乃至资本主义社会手工业和工商业发展过程中都起到了重要的媒介作用。

（二）现代学徒制

"现代学徒制"这一概念，于1993年最早起源于英国。关晶、石伟平（2011）指出，在我国，第二次世界大战以后出现的以德国"双元制"为典型特征的学徒制形态，统称为"现代学徒制"。而"现代学徒制"这一概念在我国首次正式出现是2011年，由教育部原副部长鲁昕提出。国家部委文件中首次涉及"现代学徒制"这一名词的是，教育部于2011年发布的《关于推进高等职业教育改革创新引领职业教育科学发展的若干意见》，该文件鼓励企业与职业学校共同、联合开展现代学徒制试点。现代学徒制的重点自然是"学徒制"，从构词上看，将其冠之以"现代"二字，主要是区别于传统学徒制，强调"现代性"。"现代"与"传统"是一个相对的概念，按照字面意思，"现代"迟早会取代过去被公认的或作为标准的事物。我国自2012年提出开启现代学徒制试点工作以来，现代学徒制的重视程度得到了大幅提升。随后多年，教育部都将"现代学徒制"作为年度工作要点。2014年5月《国务院关于加快发展现代职业教育的决定》指出，我国的"现代学徒制"是立足中国国情、遵循职业教育规律的。在我国实行现代学徒制需要在保持与国际较为一致的交流氛围基础上，从职业教育的办学实际出发，走出中国教育特色之路。国内学者早期对现代学徒制的理解并不完全一致。学者的观点主要集中在"现代学徒制"是一种"人才培养模式"或"学习方式"或"人才培养制度"或"一种手段"等方面。联合国教科文组织国际职业技术教育与培训中心在2015年的《通过高质量的学徒制以实现职业教育与培训》远程会议报告中提到，现代学徒制是一种通过特定的能力和工作流程将岗位学习与校本学习紧密结合的独特职业教育形式。陈俊兰（2016）解释现代学徒制是具有"合理性""现实性""合法性"的技能型人才培养途径；是基于我国悠久的学徒制传统和广泛存在的非正式学徒制的现实需要而建立的一种良性的制度安排。它可以在很大程度上解决职业教育校企合作的困难，提高经济效益，促进社会财富向弱势群体倾斜分配。[①] 综上所述，虽然关于现代学徒制定义的观点各异，但是，基本上可以确定现代学徒制不同于全日制职业教育、劳动力市场项目和独立在职培训。现代学徒制是国际公认的技能人才培养的有效模式，是一项旨在深化产教融合，推进工学结合，促进校企合作，创新技术技能人才培养模式的育人机制。它将传统的学徒制与正规教育融合在一起，是职业教育主动服务经济社会发展的有效途径，可以为职业教育的特色、深层次、内涵式创新发展提供更广阔的空间。

二、行业协会

行业协会作为自治性社会中介组织，在市场经济国家普遍存在，其萌芽于行业自治组织——行会，是行会诸多演化形态之一。从"行会"发展到"行业协会"，不单纯是概念的扩展，而是伴随社会生产力特别是商品经济的发展而逐渐产生的一种新形态，被赋予不同于历史的时代

---

① 陈俊兰：《现代学徒制的合理性、现实性与合法性研究》，《职教论坛》2014 年第 6 期。

感与现代性。

"行业协会"在学术界的理解不尽相同，尚未形成一种广为认可的权威定义，不同国家有着不同的定义。早在 1965 年欧美国家的学者对行业协会的概念就进行了界定，行业协会是由相同或相类似的同业竞争者所组成的，旨在促进、提高、解决本行业内有关经营、销售、雇佣等方面的普遍性问题的非营利组织。美国出版的《经济学百科全书》界定行业协会是一些为达到共同目标而自愿组织起来的同行或商人的团体。英国关于行业协会较为普适的定义是：由独立的经营单位组成，用以保护和促进全体成员既定利益的非营利组织。我国若干规范性文件也曾对行业协会的概念进行过界定。如 1997 年的《关于选择若干城市进行行业协会试点的方案》指出，行业协会是指在社会主义市场经济条件下形成的自律性的行业管理组织机构，是我国行业管理的重要主体。2019年 6 月国家市场监管总局公布《禁止垄断协议暂行规定》中的第十四条指出，行业协会是指由同行业经济组织和个人组成，行使行业服务和自律管理职能的各种协会、学会、商会、联合会、促进会等社会团体法人。由以上分析可知，虽然从不同角度对于行业协会定义的解释不尽相同，但是基本上都涵盖两个要点：一是行业协会是非营利性组织；二是行业协会的宗旨是维护行业共同利益。行业协会在欧美国家的现代学徒制人才培养中，始终发挥着关键、重要的作用，是现代学徒制改革的主要决策者、执行者和协调者。

在现实经济社会的运行过程中，存在与行业协会概念相近，但性质又不完全相同的社会组织。为确保在以行业协会为主体进行的理论研究及现实分析中能准确进行甄别，本研究对商会及行业组织等相近概念进行对比、区分，以明确廓清各概念的内涵和外延。行业协会与商会往往被并列使用，如《关于加快推进行业协会商会改革和发展的若干意见》《行业协会商会与行政机关脱钩总体方案》《关于全面推进行业协会商会与行政机关脱钩改革的实施意见》等文件，因此，有必要对商会的概念进行界定并与行业协会进行区分说明。通常认为，商会（主要是指自然人）是由商人组建的社会团体，即企业家群体是组成商会的成员；而行业协会的成员大多不是企业家本人，而是作为法人的企业组织，是由同业经营者组建的社会团体。但其实通常情况下，在参与行业协会的活动时，也大多由企业的董事长、法定代表人等企业家代表企业出席。从该角度来看，行业协会和商会在有些场合无法进行完全的界分，并非泾渭分明。也有学者认为二者之间没有实质性的差别，如原国家工商总局市场规范管理司司长张经（2008）认为，行业协会与商会并无本质上差异，具有基本一致的职能，只是名称上的差异。2017年国家发改委公布的《行业协会价格行为指南》指出，行业协会是由同业经济组织和个人组成，实行行业服务和自律管理，在县级以上人民政府社团登记管理机关依法登记的社团法人。该文件认为符合一定条件的商会属于行业协会。但是严格地讲，我国的行业协会和商会是不同的。行业协会是由同行业的企业或企业家作为会员，服务于全行业的共同事务和共同利益的非政府的"共益性"会员组织。而跨行业、跨产业的综合性行业协会一般称为"商会"，有时商业领域的行业协会也称为"商会"。在我国，由工商联作为业务主管单位的该类组织往往也称为商会、同业公会。商会不必然以同业经营者为范围组建社会团体，有可能以地域、籍贯乃至校友为范畴进行组织。

另外，国内很多文件中出现"行业组织"这个与行业协会相关性很强的名词，有必要加以说明。国内著名学者刘晓（2015）对行业组织的界定是：行业组织是由同行业的企业按照自愿的原则，基于共同的利益要求、自下而上组织起来的、非营利性的民间组织的统称，具有举办职业教育、帮助行业内企业培养和培训人才的重要职能。行业组织的具体形式包括：各种行业协会、事业协会组合、技术协会、企业组织、行业联盟以及行业组合。国内学者余晖也认为，行业协会是一种行业组织，他认为行业协会是具有同一、相似或相近市场地位的特殊部门的经济行为人组织起来的，界定和促进本部门公共利益的集体性组织，是一种经济治理机制的行业组织。

三、动力机制

（一）动力

根据现代汉语《辞海》的解释，"动力"一词有两种含义：一是使机械运转的各种作用力；二是比喻促进工作和事业进步和发展的力量，泛指事物运动和发展的推动力量。经济学或管理学关于"动力"的一般解释为：各个主体为实现某种目标行为，涉及的构成力量以及力量之间的关系。在本研究中，主要借鉴后一种解释。

（二）动力机制

"机制"按照《辞海》的解释，是指机器的总体构造和工作原理。"机制"一词的内涵实际上是不同主体之间或各主体内部要素之间的相互作用关系。"动力机制"最初出现于自然科学，理论兴起于经济领域，后被广泛应用于各个领域，现已成为一门非常重要的应用性学科，具有普遍意义。万物的发展变化都应有其动力机制，这是动力机制理论形成的客观基础。总体来讲，动力机制是指在利益平衡和资源整合的联合驱动下，以组织整体的视角，促进影响内外部动力的各因子相互协作，在符合人性并切实可行的基础上设计机制组合，建立组织秩序，形成指向组织目标的整体合力，从而推动整个系统达到"无为而治"的状态。动力机制是行业协会参与现代学徒制发展的重要支撑。

第二节　理论基础

一、社会责任理论

行业协会是一种具有非政府性、非营利性、独立性的社会中介组织，作为政府和企业之间的桥梁，代表企业向政府表达行业企业的共同要求，同时协助政府制定和实施行业发展规划、产业政策、行政法规和有关法律，使政府和企业之间建立有效的联系，既维持了社会的团结，又使社会的变迁顺利进行，在整个经济社会发展中的作用日益显著。与此同时，行业协会的社会责任性也越来越受到人们的关注。行业协会通过对行业秩序进行有效管理、优化资源配置让本行业企业利益达到最大化，同时也在履行社会责任方面树立了榜样。行业协会需要承担的社会责任有多种，参与职业教育是其中之一，行业协会承担现代学徒制教育这一社会责任，一方面是行业协会自身职责之所在，另一方面也是企业社会责任在社会领域的延伸以及责任的转移。

第一，参与现代学徒制发展是行业协会自身职责所在。行业协会有着独特的内在资源优势，能够准确地把握整个行业的发展方向，是整个行业决策指定的关键参与者。行业协会的非营利性、互益性与公益性等性质表明了其参与职业教育的必要性，同时，行业协会作为社会性的中介组织，自身社会责任的承担与否以及执行的程度，直接关系到其会员企业及社会公众对行业协会的认可程度。行业协会参与现代学徒制教育是积极履行社会责任的表现，也是为了更好地在社会中发挥自身价值。现代学徒制的发展以培养技术型人才为主要目标，这在一定程度上与行业协会的自身发展目标相近。我国行业协会的职责是代表行业企业的集体利益，因此在一定程度上有责任和义务为本行业企业培养优秀的高素质人才，进而向社会输送行业精英。

第二，行业协会参与现代学徒制发展是企业社会责任在社会领域的延伸以及责任的转移。企业社会责任的概念是由美国学者谢尔顿于 1924 年最早提出的。该理论在国外得到蓬勃发展，成为学术界深入探讨的问题是在 20 世纪 70 年代以后。作为微观经济主体的企业承担社会责任，可以作为市场机制配置资源的一种补充，实现资源配置的效率，进而提升社会福利水平，维持正常的社会秩序，能够为创新社会治理提供新思路、新方案，成为创新社会治理的补充性机制。以往企业履行社会责任主要依靠政府管理体制和市场经济体制的双重驱动力。

社会公共性的政府管理体制在政策制定和制度供给上要求企业履行社会责任，着重关注于企业社会责任经济"造血"功能的市场经济体制，从内部驱动企业履行社会责任。但是，基于对社会公共价值选择的政府管理体制无法满足社会的个性化需求，基于对社会功能发挥的市场经济体制又难以满足社会所需要的公共性需求。鉴于政府失灵和市场失灵的双重困境，以行业协会为代表的第三方治理主体应充分、高效地发挥作用。行业协会的基本活动使命是履行社会责任、实现社会效益最大化、创造社会价值，因而促进企业承担社会责任是行业协会参与社会共治的重要途径。

职业教育可以为企业的发展培养其所需的后备劳动者，这些后备劳动者一旦成为企业的员工，其自身的职业素养与技能水平对于企业产品的生产来说至关重要，高素质、高技能水平的员工能够提高企业的生产效率，降低企业的生产成本，进而使企业获得更多的经济利润。因此，企业参与职业教育与培训是其人力资源开发与储备的重要途径之一。在世界各国的与职业教育相关的法律中都已明确表示出，企业承担职业教育责任是应该的。但是，单个的零散企业由于可能受到诸如企业规模、物质资金、经营范畴与技术能力等因素的制约，难以把握市场全景与发展趋势，很难单独承担起职业教育责任。同时企业的分散性使其不可能从整体上指导职业学校的发展，需要一股既能凌驾于企业之上又了解企业需求的力量来指导职业教育。当企业自身无法承担社会责任时，就会出现企业社会责任转移给行业协会这个可以集聚行业内众多零散企业的企业联合体的现象。需要强调的是，不可否认政府与企业在现代学徒制教育发展中能起到重大作用，但是，政府干预可能失败，市场机制可能失灵，而行业协会作为行业企业的代表，若在现代学徒制教育中承担职责，可以通过集合与协调协会会员单位的资源，积极引导更多的企业参与到职业教育中，通过与企业协调合作，合理分工，形成社会合力，能够共同承担履行职业教育责任的成本，从而减少企业和政府压力；还可以克服企业承担社会责任中的外部性问题，提高资源配置效率。

二、行业协会与职业教育的关系论

（一）社会互动理论

社会互动理论是一门吸收了经济学、社会学和心理学观点的、关于社会主体（个人和群体）之间关系和影响的科学。该理论揭示了社会主体的本质关系和互动规律，从微观层面深入探讨社会发展的动力和机制，具有积极的理论和现实意义。社会互动理论认为，个人之间的任何互动都是有意义的，自身的行为会对他人造成影响，而他人的期望反过来又影响着我们自己的大部分行为。职业教育是与行业企业联系最为密切的教育系统，行业协会与职业教育合作，一方面，行业协会作为行业的代表，熟知行业企业发展中所需的人才，行业企业参与职业教育可以为职业院校提供行业企业用人需求信息，职业院校根据企业的用人需求，不断完善其自身的专业和课程设置，将院校的理论技术转化成现实生产力，保证职业院校的人才培养与市场需求相对接，使有限的教育资源得到充分合理应用的同时，既可以提高学校办学效率和质量，也可以提高院校学生的就业率，用最少的投入培养出更多的符合市场需求的合格技能型人才，符合人力资本理论的投资规律，最终实现职业教育与经济共同发展。另一方面，职业教育可以为行业内企业培养优质人力资源、节约行业企业的人力资本投入，降低行业企业的生产成本，为行业企业谋得更大利益。总之，从行业协会与职业教育的合作关系来看，行业协会、企业与职业教育无疑都是利益相关体，少了任何一个主体，合作都无法进行。在职业教育的发展历程中，职业教育与企业、行业协会一直存在合作关系，而且这种关系会持续下去，这不仅是经济发展和教育发展的客观需要，同时也是整个社会发展的必然要求。运用这一理论与方法，分析行业协会、政府、企业、职业院校、社会民众互联互动及其过程，揭示这些因素在动力机制结构中的地位和作用，是一个重要的维度。各利益相关者协作参与成为动力机制的重要基础，动力机制也会参与主体的发展，这种双向互动性，可以为动力机制提供不竭动力。

（二）第三部门理论

第三部门的概念最早是由美国学者列维特提出的，真正的关于第三部门的大量研究出现于 20 世纪 80 年代后，按照第三部门理论的观点，社会的基本组织构架包括政府组织、市场组织与非营利中介组织。政府作为社会的基本组织，是国家的代理组织，代表国家进行统治和社会管理；市场作为社会的基本组织，是社会的调配组织，以实现各经济活动主体的最大利益以及资源配置效率为目标；非营利中介组织不是政府的管理部门，它介于政府和市场之间，不以营利为目的，作为桥梁与纽带居间进行调解，协调二者之间的错位、越位以及利益分配等问题，有效缓解"政府失灵"与"市场失灵"。

职业教育是一种准公共产品，因此职业教育也被列入了第三部门研究的范畴。我国自改革开放以来，引入了市场经济体制，传统的计划经济体制配置资源的主导力量是政府，职业教育可获得的资源及其发展的方向受制于政府的调控，导致职业教育的发展出现与市场相偏离的现象。计划经济引入了市场因素之后，在资源配置的过程中，政府的主导力量在削弱，"市场"这只看不见的手在资源配置过程中的作用在增强，资源在各部门间流动性不断增强，根据机会成本的思想，资源的配置取决于资源在各领域可获得的报酬。在职业教育的发展过程中，存在影响资源优化配置的因素，职业教育准公共物品的外部影响、职业教育市场信息的不完全性等，即所谓的市场失灵现象，导致职业教育的发展不能完全依据市场的原则运行。根据第三部门理论，第三部门参与职业教育之中是消除职业教育面临的"政府失灵"与"市场失灵"双重困境的有效途径，在众多的第三部门中，行业协会是最适合参与职业教育的中介组织。行业协会在政府和企业之间发挥着连接和沟通的作用，一方面，作为行业企业的代表，为本行业企业提供各种服务，代表本行业企业向政府传达本行业企业的共同要求，为本行业企业争取更多的利益。另一方面，行业协会借助其与各行业企业的密切联系，向政府反馈各企业发展的状况，协助政府制定和实施相关行业发展的规划、促进各行业发展的政策法规和有关法律。总之，行业协会作为中介积极参与职业教育，进行组织协调，使教学与市场的需求紧密结合，实现资源的最优化配置，发挥其最大效用。

三、利益动力论

利益问题是关系到人的生存与发展的根本性问题，是人类社会生活中的一个焦点问题。18世纪法国唯物主义者爱尔维修把利益问题上升到社会的首要位置，认为利益是社会生活的基础。1984年，弗里曼出版了《战略管理：利益相关者管理的分析方法》一书，其中明确提出了利益相关者管理理论，认为它是企业的经营者为协调平衡各个利益相关者的利益而进行的管理活动。利益既是推动人的活动和历史发展的原动力之一，也是人们为满足生存和发展而产生的对一定对象的客观需求，各个群体进行社会活动的根本动力就是自己的利益诉求。行业协会是本行业企业为了维护自身的利益而依法自发建立起来的，对有关企业进行业务管理和服务的非营利性的社团组织，这一定位就代表行业协会的性质应当具备公益性。行业协会的产生和发展始终与经济因素相关，其参与现代学徒制的发展是经济功能和社会功能的结合。利益能够满足行业协会的内在需要，从而成为动力源泉。

1. 经济利益

马克思曾说："历史不过是追求自己目的的人的活动而已。""而人们奋斗所争取的一切，都同他们的利益有关。"人类的全部社会活动，都莫不与利益和对利益的追逐有关，人们之间的全部社会关系，也都莫不是建立在利益关系的基础上的。任何组织关系都会建立在一定的利益关系的基础之上，利益是动力的来源。行业协会参与职业教育可以获得经济收益是行业协会参与职业教育的根本原因所在。

2. 政治利益

在经济学研究中，我们假定行业企业追求的目标就是利润最大化，从这个角度来讲，行业企业参与职业教育必然能够获得除直接经济利益以外的收益，行业企业作为微观经济的载体，在其运行过程中，不仅会关注其直接的经济利益，还会考虑间接的社会收益，即行业企业可以通过参与现代学徒制提升其自身的知名度，进而赢取更多的认可，获得更多的收益，间接助推实现利润最大。

第一，行业企业之所以可以通过参与现代学徒制提升其自身的社会知名度，是因为虽然政府鼓励行业企业参与职业教育，但并不是所有的行业企业都可以参与现代学徒制，只有具备一定的资格，满足政府所出台的规定才能参与。具备资格的行业企业通过与职业院校建立长效校企合作机制，利用行业企业内部的培训资源再结合学校教育资源，培养出技术过硬、业务过关的技术技能人才，打造行业企业热心参与教育的良好形象，扩大企业在社会中的影响力，提高知名度，这成为行业协会深度参与现代学徒制的重要推动力。第二，作为非政府组织的行业协会在政府与社会、政府与企业之间发生利益冲突时，作为其中的第三部门，充当着重要的桥梁和纽带作用，进而使行业协会、政府以及企业之间形成稳定的三角关系，从某种意义上树立了非政府组织在社会上的威信。[①] 第三，行业协会也希望通过参与现代学徒制发展来获取组织发展所需的如政府政策扶持、资金补贴以及来自企业方面的资金、设备等物质捐赠资源以及社会地位和成就感等方面的满足。

3.公共利益

在现代学徒制发展中，重要的利益相关者之一的企业，价值取向以市场为导向，以追求利润最大化为目标；作为公益性组织的学校，价值取向以育人为导向，以追求社会服务效益扩大化为目标。由于属性不同往往导致在合作中出现利益冲突。作为市场准公共服务提供者、教育界与产业界中介变量的行业协会，不仅是会员企业的一个利益代表体，更是行业、市场、院校及政府活动的组织体，比较重视内部成员利益和共同目的，看重对成员的吸引力。行业协会与各主体之间存在诸多关系，其以共同利益的角度参与现代学徒制发展，可以降低单个企业参与现代学徒制发展导致的交易成本以及市场失灵发生的概率。行业协会参与现

---

① 古翠凤等：《行业协会参与高等职业教育的作用机制研究》，《职业技术教育》2020年第34期。

代学徒制教育过程中为本行业企业培养人才，既满足了当今社会对技术人才的需求，也可以为国家和学校带来利益，对提高行业协会的社会地位起到了积极的推动作用。

四、三维动力论

美国学者 Mark S.Schwartz（2003）在研究动力机理的过程中，提出了企业之所以承担社会责任的三维动力模型，具体包括经济动力、社会动力及制度动力。

（一）经济动力

经济动力主要是指行业企业履行教育职责所带来的利益。行业企业参与职业教育可以获得经济收益是行业企业参与职业教育的根本原因所在，众多研究表明，行业企业参与职业教育会有相应的成本发生，如行业企业为学校指派实践指导人员的津贴支出、企业为职业院校教师提供的培训所产生的培训师工资、培训设备和培训资料费用等。然而，通常行业企业从参与职业教育中获得的利益要远远超出其因此而支出的成本。第一，行业协会参与现代学徒制发展，可以为职业院校提供实习机会，学徒完成学习培训之后，有机会成为实习企业的正式员工进入企业，这样企业就不需要花费人力和财务成本从劳动力市场寻找员工。所以，院校为行业内企业培养优质人力资源，可以降低行业企业的劳动力交易成本，提高企业的经济效益。第二，学徒在企业学习期间，同时也参与企业的生产销售活动，可以为企业创造一定的价值。而且学徒在企业实习期间，就已经开始适应企业的文化环境，与同事和谐相处，培养团队意识，积累一定的工作经验，且成为实习企业的员工，可以缩短新员工入职的适应期，减少了额外的适应措施，节约企业的人力资本投入，降低企业的培养成本，为企业谋得更大利益。第三，在学徒培训期间，学徒还可以补充员工的病假、事假等空缺，保证企业的正常运行，可以消除可能的停工成本。

（二）社会动力

行业企业参与职业教育的社会动力主要表现在两个方面：一方面是行业企业具有强烈的社会责任意识；另一方面是行业企业为了提升其自身的知名度。

1.行业企业具有强烈的社会责任意识

如前文所述，行业企业能够积极地参与职业教育，其自身拥有强烈的社会责任意识是根本原因。这种社会责任意识主要体现在，各行业企业已经充分意识到，当前国与国之间的竞争，核心要素是人才的竞争，要想提高本国在国际上的综合竞争力，培养高素质的技能型人才是关键。高素质的技能型人才是技术研发的主体，推动技术进步的关键性因素，技术的进步可以加速经济增长模式的转变，实现经济集约式增长，节约资源，保护环境，促进人类社会的进步与发展。职业教育是培育高素质技能型人才的主体，若想实现技术的进步，经济的增长，社会的发展，必须大力发展职业教育。行业协会作为经济社会运行中的微观载

体，与职业院校之间的沟通协作对推动职业教育的发展至关重要。行业
协会可以为职业院校提供人才信息，也可以为职业院校提供实习实践的
机会，与职业院校联合办学等，是职业院校发展的重要推动力量。反过
来，行业企业参与职业教育，有利于企业获得所需的人才，有利于企业
技术的更新，产品质量的提高，保持企业的竞争力，故行业企业参与职
业教育，对行业企业和职业教育来说是一种多赢的合作模式。

2.提升行业企业的社会知名度

行业企业在其运行过程中，不仅会关注其直接的经济利益，还会考
虑间接的社会效益，即行业企业可以通过参与职业教育提升其自身的知
名度，通过自身知名度的提升，来赢取更多的社会认可，间接助推行业
企业实现盈利。具备资格的行业企业通过与职业院校建立长效校企合作
机制，利用行业企业内部的培训资源再结合学校教育资源，培养出技术
过硬、业务过关的技术技能人才，塑造行业企业热心参与职业教育的良
好形象，扩大行业企业在社会中的影响力，提高知名度，成为行业企业
深度参与职业教育的重要推动力。

（三）制度动力

制度动力是指企业必须遵守相关法规制度要求而承担其社会责任的
影响力量。制度动力与经济动力、社会动力不同，经济动力和社会动力
不具有强制性，而各种法规制度对行业企业承担职业教育的职责具有强
制性作用，是企业必须履行的。制度的实施可以有效地约束和推动行业
企业参与职业教育，制度激励行业企业正当行为的同时还可以限制和惩

戒行业企业的不当行为。因此，政府制定和有效实施职业教育法律法规，对于行业协会参与职业教育具有特殊的意义。

第三节　研究现状与述评

一、国内相关研究现状

（一）现代学徒制相关研究

通过查阅资料发现，2011 年以前有关我国现代学徒制的研究较少，自 2012 年 1 月 20 日发布的《教育部 2012 年工作要点》指出，开启现代学徒制试点工作以后，学术界对现代学徒制的重视程度有了很大提高。本研究以篇名"现代学徒制"为检索词，在中国知网上进行检索，2011—2020 年检索论文的数量分别为 15、29、80、148、539、996、1251、1608、1775、1383 篇，由此可见，围绕现代学徒制的研究成果除 2020 年外逐年增长，2018 年和 2019 年的文献数量较多。通过查阅资料发现，随着我国现代学徒制试点工作稳步进行，关于现代学徒制的理论研究论文占比逐年下降，围绕现代学徒制实施实践的论文逐年增加。国内学者的主要研究方向包括:（1）关于现代学徒制内涵、特征及影响的研究。关晶、石伟平（2011）、赵鹏飞（2013）、赵志群（2014）、徐国庆

（2015）及梁峰、许刚、陈颖（2017）等学者分析了现代学徒制的内涵及特征。关晶、石伟平（2014）分析了现代学徒制的"现代性"特征。赵志群、陈俊兰（2014）指出现代学徒制是现代职业教育制度的重要补充。王平等（2015）探讨了高职院校开展学徒制对创业教育的启示。林育丹（2019）对现代学徒制合作企业的相关因素进行影响面分析，最终确定需要完善的指标。盖馥（2019）指出现代学徒制的内外部发展环境之间应当形成协调与呼应。（2）对我国学徒制历史发展的研究。主要代表学者有刘晓、关晶、唐林伟、王星和李金等。刘晓（2011）和关晶（2011）分别对我国传统学徒制进行了考证，并划分了不同的发展阶段。唐林伟（2016）主要研究了新中国成立前学徒制发展情况，并归纳总结了三种技艺传承形式。王星（2016）主要研究的是我国早期职业培训中的学徒制。李金（2019）回顾了我国现代学徒制政策自酝酿到推广的整个阶段，总结出了现代学徒制政策文本演变的特征。（3）对学徒制国际比较的研究。关晶（2016）对德国、英国、法国、瑞士及澳大利亚五个国家学徒制的历史、现状和改革动向进行了分析和总结。陈莹（2015）客观地分析了德国职业教育的特征和发展动力。吴学峰（2019）针对德国、美国、澳大利亚及英国现代的制度构建进行了分析。陈志铅（2020）在其博士学位论文中针对20世纪60年代以来英国现代学徒制发展情况进行了研究，并总结了可供我国借鉴参考的经验。（4）对现代学徒制发展困境的研究。张启富（2015）指出我国的现代学徒制面临"两热、两冷"的局面。李敏、李伟萍（2016）研究了阻碍现代学徒制发展的因素：教师队伍及制度建设不完善、校企合作不深入以及公众认同度不高等。潘玉成（2018）指出相关利益主体利益诉求不同、课程设置与人才培养目标不符以及企业师傅教育能力有待提升等是现代学徒制发展中面临的困境。（5）对促进现代学徒制发展的完善对策研究。杜怡萍等（2016）针对现代学徒制专业教学标准建设展开实践探索研究，编制出具有实施价值的专业教学标准，推动现代学徒制的深入开展。陈季云（2017）探讨了现代学徒制人才培养模式的实践意义和实践方案。罗觅嘉（2019）针对我国现代学徒制发展过程中存在的问题，建议从法律制度、管理框架及多元利益主体黏性等方面进行完善。通过梳理分析文献发现，现代学徒制是一个多领域关注的研究课题，各类型学科学者广泛运用交叉研究的思路，以不同的研究视角深入探索，取得了较为丰硕的研究成果。

（二）行业协会参与现代学徒制发展的相关研究

行业协会萌芽于封建社会时期的行会自治组织，在我国有着千年历史。虽然在 20 世纪八九十年代开始被关注，但是当时并未成为学术界独立的研究对象。直到 21 世纪，有关研究才逐渐增多，呈现拓宽与不断深化的发展态势。行业协会参与现代学徒制发展的研究中，很多都是从分析德国"双元制"入手的。刘跃斌（1999）、周凤华（2009）研究指出，行业协会在"双元制"中承担制定规章制度、组织技能考试及仲裁职教培训签约双方矛盾等具体职责。许惠清等（2011）针对德国行业协会管理与监督职业教育展开分析，认为行业协会是其实施主体。李进、薛鹏（2015）认为，我国行业组织可以通过制定现代学徒制的标准，规范、促进和引领现代学徒制的发展；应牵头考核现代学徒制培养的学徒。胡琰（2016）认为，行业协会自身的定位使其具备协调校企关系的能力，企业开发课程时有必要纳入行业协会，可以有效促进现代学徒制的顺利开展。张超、刘旭东（2019）指出，应建立行业协会协调下现代学徒制运行机制与模式。张运嵩、肖荣（2019）认为，行业协会是现代学徒制的"润滑剂"。张丽云（2019）通过客观借鉴西方现代学徒制成功经验，构建了专门管理机构、行业协会以及政府共同参与的"三位一体"现代学徒制管理模式。罗觅嘉（2019）指出，当前，我国推行现代学徒制受行业企业参与热情不足等因素制约，提出增强政、行、企、校主体黏性等措施。

（三）行业协会参与现代学徒制发展动力机制的相关研究

在我国，行业协会参与现代学徒制"中国化"发展的动力机制研究是一个新的课题。国内对这方面的研究尚不多见。在知网中以"行业协会、学徒制、动力"为篇名进行检索，能搜索到的文章只有2篇。其中一篇是《利益的博弈与补偿：行业协会参与现代学徒制改革的动力研究》，作者为胡文鹏、鲁丽彬、刘静，论文发表于2015年，从利益的博弈与补偿角度研究了行业协会参与现代学徒制改革的动力问题；另一篇是徐颖2021年发表的关于《高等职业教育现代学徒制探索与实践》的书评，简单分析了行业协会参与现代学徒制改革的动力，探讨了实践路径。也有一些论文关于该内容进行了陈述，如于晶波、崔宏伟等于2019年发表的论文，指出要充分发挥行业协会在现代学徒制重要节点的作用，使其利益诉求转化为动力。由此可见，目前国内关于该方面问题的研究虽已获得关注，但是数量很少，缺少深入、系统的研究，相关研究正处于探索阶段。

二、国外相关研究现状

（一）现代学徒制相关研究

现代学徒制起源于西方发达国家，这一概念于1993年在英国正式提出。德国的"双元制"被称为职业教育的"典范"，Thomas Sondermann是最早关注德国职业教育法的人，他对1969年的《职业教育法》进行了全面分析，为学徒制的发展提供了许多借鉴与启示。1993年，美国兰德公司Christoph F.等通过研究德国和美国年轻人在职业教育方面的差异，发现德国年轻人在受教育年限、就业率和就业能力方面表现优于美国年轻人，其中不可忽视的原因是德国年轻人接受了正规、系统的学徒制——"双元制"职业教育。1994年英国TECS（俗称培训和企业委员会）引入了"现代学徒制"，这不仅对英国的职业教育产生了重大影响，而且对继续教育和青年训练计划也起到了促进作用，是对传统学徒制的一场重大革新。伦敦经济学院经济学家Hilary Steedman依据国家背景和传统文化的差异，将西方现代学徒制分成了需求引导和供给引导两种类型。2005年，加拿大生活水平研究中心（CSLS）的一项研究验证了Hilary Steedman的观点，并将西方实施现代学徒制的国家分为了盎格鲁—撒克逊和北欧系统。Brooks（2004）针对澳大利亚的"新学徒制度"展开了分析。他认为，"新学徒制"联合了企业集团，有明确的培训项目和培训标准，以技术和继续教育学（模式）为基础进行运作，能够取得不错的效果。Ursula Beicht（2007）认为，多数企业参与学徒制的目的在于获得可观的经济利润和宣传企业形象，全社会参与职业教育的氛围也因企业的热心参与而被调动了起来，从而形成了良好的经济循环体制。选择学徒制教育的国家青年失业率更低的事实，激发了社会对学徒体系的兴趣。国际劳工组织阿克斯曼（M.Axmann）和霍夫曼（C.Hofmann）指出，拥有学徒制国家的青年人认为，学徒制不仅可以使他们接受技术与专业训练，还可以获得工作经验，学徒制有效沟通了学校与工作单位。欧洲委员会（European Commission）通过回顾和分析27个成员国现代学徒制的发展，指出"健全的制度与管理框架"是影响现代学徒制成功构建的首要因素。

（二）行业协会参与现代学徒制发展的相关研究

在19世纪，尽管英德两国职业教育发展不完全相同，但是二者鼓励行业协会参与职业教育发展的措施却很类似。部分研究者针对上述问题进行分析与总结。凯瑟琳（2010）通过研究发现，德国的新兴产业协会如机械制造及传统手工业协会等都在争取关于技能资格方面的权力，如认证和监管。工会为了政治利益将最初试图摧毁学徒制的想法，转换成"试图控制或者共管以学徒制为代表行使的厂内培训"。早在1914年，斯科特对与行业学会学徒制有关的大量文献进行了整理和综述，并分析了中世纪学徒制兴盛和衰败的复杂原因。英国威斯敏斯特大学 Michaela Brockmann 课题组在2008年全面比较了荷兰、德国及英国三个国家的行业协会与企业参与职业教育的不同模式。Josie Misko 和姜大源等（2005）认为，澳大利亚的职业教育之所以能紧密联系行业协会，主要是源于历史上的学徒制。德国柏林技术大学的 Greinert 于 2014 年首次提出，行业协会参与职业教育的模式可以分为三种类型：自由市场型、基于学校型以及"双元制"型，并深入研究了这三种模式的基本特征。通过梳理国外有关行业协会与职业教育发展之间的关系发现，国外学徒制教育大多注重培养学生的实践能力，从人力资源供给层面为社会经济的不断前进发展提供动力，使培养出来的人才适应市场需求。针对行业协会与职业教育联系日益紧密的现状，更加注重制度建设和方式的多样化，虽然不同国家的行业协会参与学徒制的程度不同，但行业协会的身份被赋予了法律保障，明确了参与学徒制教育的权利和责任义务。

三、国内外相关研究述评

现有的行业协会参与现代学徒制发展的相关研究，明确了行业协会是职业教育利益主体的角色定位，证明了行业协会参与现代学徒制发展具有可能性、合理性和必要性，同时也说明本研究具有一定的可行性和研究价值。综观我国学者已有的研究，一方面，理论界和实务界越来越关注和重视对行业协会参与现代学徒制发展动力的研究。尽管表述不同、结论各异，但是认识已经逐渐由感性转向理性。现有的研究成果可以为本研究提供基础性的事实资料，构成了本书的问题根源和现实基础；现有研究得出的结论、总结的经验，帮助本书选定德国为参照标准和比较对象，提供了一定的研究基础、思路以及富有价值的参考。现有研究尚未深入探讨与存在争议之处构成了本书探讨的具体问题。另一方面，总体而言，目前我国有关行业协会参与现代学徒制发展动力机制的研究尚处于起步阶段，无论是理论还是实践研究都没有达到成熟的水平，还存在一定可探索的空间：第一，在研究视角上，现有研究基本上停留在行业协会参与现代学徒制发展层面，关于参与动力以及动力机制方面的研究尚未深入。第二，在研究方法上，大多数研究缺乏定量分析，侧重于定性研究，解释的问题缺乏有效的数据支持和说服力，这可能导致对实际情况的把握不够精准。第三，在研究内容上，主要分析研究具体问题和案例，没有对基本问题进行理论分析和研究，缺乏理论深度；部分文献从外部因素如政策、经济、法律以及技术等角度出发研究了行业协会参与职业教育办学的行为。但是，少有文献是从行业协会自身属性出发研究其参与决策行为的。影响行业协会参与现代学徒制发展的各动力要素之间关系如何，各动力要素对行业协会参与现代学徒制办学意愿的影响度以及动力机制结构怎样，已有文献并没有进行深入研究；而且现有的研究大多描述一些表面现象，未能把握问题的实质，缺乏对现象背后实质性问题的探讨。总之，虽然我国 2015 年已经开展了现代学徒制的试点工作，但是在中国知网上几乎没有专门研究行业协会参与现代学徒制"中国化"发展动力机制的文章，由此可见，对这一问题的研究还不够深入，本书的相关研究是具有一定价值的。

第二章　行业协会参与现代学徒制
发展的现实合理性分析

目前，行业协会是现代学徒制发展过程中不可或缺的重要主体之一的观点，已经得到了学术界的普遍认可。然而，作为行业协会参与现代学徒制发展研究出发点且必须追问的问题之一的"合理性"分析，并未形成系统的论述也未得出具体的结论。我国行业协会参与现代学徒制发展的合理性是本研究开展分析的基础，因此，本章内容在此前提下对该问题展开研究，意在通过本章内容的分析，探究行业协会参与现代学徒制发展的可能性、可行性和必要性。这既是现代学徒制研究必须追问的问题，也是影响行业协会参与现代学徒制发展成效的关键。

对于"合理性"的分析是西方哲学领域的基本问题和核心范畴。"合理性"与"理性"这两个概念关联比较紧密，当"理性"被充分肯定及推崇进而作为价值追求目标及事物评价标准时，"合理性"这一概念得以产生，也意味着哲学的"理性"范式转向社会科学的"合理性"范式。"合理性"是马克斯·韦伯创造的具有方法论意义的范畴，意指人的活动或行为是合理存在的，符合事物的本性与规律。合理性是个评价概念，涉及面十分宽广。行业协会参与现代学徒制发展既是学徒制教育的本体属性诉求，又是行业协会的应担之责，也是国家教育政策的明确要求。因此，本章对于"合理性"的解答将从"现代学徒制""行业协会"与"政府"三个视角切入。

第一节　现代学徒制视角

现代学徒制是一种不同于普通教育的特殊教育类型，其独特的"职业性""技术技能性""跨界性"与"准公共产品"等属性构成了行业协会参与现代学徒制发展的逻辑起点。

一、职业性

职业教育与其他教育类型相比，最大的特点是其直接与经济生产相结合，通过培养劳动者职业素质进而提升劳动生产率。现代学徒制是特殊的职业教育类型，"职业性"是其典型的功能特征。社会分工是专业化发展的结果，不仅在一定程度上促使职业教育成为独立于其他教育类型的代表，也使职业教育与产业之间具有了天然的联系。现代学徒制教育的职业性映射出的实践性、行业性与应用性等特征，更是要求现代学徒制教育与产业之间紧密结合，其生命线就是培养社会及行业需要的人才。当代人生活在一个变革时代，不同人群有不同层次的需求，无论为了生活还是发展，都面临生产技术和环境变迁以及职业就业的变化。为适应这些变化，人们对教育和培训的需求也与日俱增，不仅是量的变化，更是质的提升，体现为对新技术、新工艺、新方法的渴望和对终身职业生涯教育培训的向往。而目前学校本位的现代学徒制教育存在脱离市场需求的潜在风险，培养的人才可能不具备职业生涯发展所需的扎实的通用技能。因此，要实现培养现代学徒型人才的目标，必须改变以往职业教育理论学习脱离实际操作、教学环境脱离实际情境、知识教学与能力培养相割裂的教育状态，必然需要将人才培养定位和行业相对应，适应行业要求构建人才培养模式，按行业（企业）需求进行试点，关联职业体系与专业体系，否则很难持久发展。从人才培养方式、途径与手段来看，不脱离社会实际情况，借助社会力量，尤其是行业协会的参与与支持，促进产教融合是很有必要的，可以说行业协会参与是现代学徒制快速发展的一条捷径。

二、技术技能性

根据人力资源和社会保障部公布的数据，截至 2021 年 3 月 19 日，我国拥有 2 亿多技能劳动者，其中包括 5000 多万高技能人才。在我国，技能劳动者仅约占就业人口总量的 1/4。我国技能型人才的总量仍不能满足经济发展以及企业对人才的需求。随着我国经济结构的不断调整和产业转型升级，对高技能人才的需求将日益增加，缺口可能越来越大。2020 年 11 月，党的十九届五中全会审议通过《中共中央关于制定国民经济和社会发展第十四个五年规划和二〇三五年远景目标的建议》，该建议提出，要"加大人力资本投入，增强职业技术教育适应性，深化职普融通、产教融合、校企合作，探索中国特色学徒制，大力培养技术技能人才"。由以上分析可以看出，在我国高技能人才的供给与需求之间存在较大的缺口，现代学徒制的技术技能性决定了其在培养高技能人才方面存在优势，同时培养高技能人才也是其应该承担的责任。德国职业教育专家劳耐尔指出，人才成长的路径中，所有晋级环节都必须在实践练习、职业任务及工作情境之中发生。由此可见，培养高技能人才需要"高水平"的师资和一定的实操环境。在现代学徒制的发展过程中，行业协会在保证师傅资质、规范学徒管理契约、监督指导教学及加强学徒考核等方面能发挥独特的作用，地位难以撼动。实践中，行业协会的组织管理者大部分是行业资深人士，同时，拥有庞大的具有专业培训教学能力的行业人脉。将行业协会引入现代学徒制中，职业院校可以引入行业专家进行教学培训或做兼职教师。同时，行业协会、企业作为拥有职业院校无法比拟的实操环境、技术设备以及高技能操作人才，能提供专业对口就业岗位，理应成为现代学徒制发展中不可或缺的主体，并起主导作用，这点也得到了国家相关政策的支持。近年来行业协会参与职业技能培训的相关文件如表 2—1所示。

表2—1　行业协会参与职业技能培训相关文件汇总

时间	文件	主要内容
2010 年 10 月	《国务院关于加强职业培训促进就业的意见》	充分发挥行业主管部门和行业组织在职业培训工作中的作用，做好本行业技能人才需求预测，指导本行业企业完善职工培训制度，落实职业培训政策措施
2014 年 8 月	《关于开展现代学徒制试点工作的意见》	明确要逐步建立起政府引导、行业参与、社会支持，企业和职业院校双主体育人的中国特色现代学徒制
2018 年 5 月	《关于推行终身职业技能培训制度的意见》	完善终身职业技能培训政策和组织实施体系：以政府补贴培训、企业自主培训、市场化培训为主要供给，以公共实训机构、职业院校（含技工院校）、职业培训机构和行业企业为主要载体，以就业技能培训、岗位技能提升培训和创业创新培训为主要形式，构建资源充足、布局合理、结构优化、载体多元、方式科学的培训组织实施体系
		加强职业技能培训教学资源建设：发挥院校、行业企业作用，加强职业技能培训教材开发，提高教材质量，规范教材使用
2019 年 5 月	《职业技能提升行动方案（2019—2021 年）》	在国务院就业工作领导小组框架下，健全职业技能提升行动工作协调机制，充分发挥行业主管部门等各方作用，形成工作合力
		支持鼓励工会、共青团、妇联等群团组织以及行业协会参与职业技能培训工作
		给予了行业协会在参与健全职业技能提升行动工作协调机制以及职业教育培训等方面的政策支持
2019 年 5 月	《关于全面推进现代学徒制工作的通知》	要求全面推广政府引导、行业参与、社会支持、企业和职业学校双主体育人的中国特色现代学徒制

　　现代学徒制具有"技术技能性"，决定了培养的学徒具备一定的理论和实践经验，以及技术、智力及动作技能，相对于传统学徒制，进一步体现了教育的功能，将传统师带徒的技艺传承到大规模的学校教育。现代学徒制的技术技能性与行业协会技术性和制度性的两重属性内在地

规定着行业协会参与其发展的必然性。因此，大力发展职业教育，尤其通过现代学徒制传承技术技能，培养适应时代发展、社会需求的生产、建设、服务以及管理一线的高技能型人才，必须高度重视行业协会的参与。

三、跨界性

"跨界性"是现代学徒制区别于其他教育类型的场域特征，是政、校、企三方平台的跨界融合模式，跨越了工作与学习、产业与教育界限。现代学徒制教育不能仅限于"政府"或"院校"单一主体，不能只在"围城"中办学，更不能完全成为政府教育部门"手中"的教育，应该沟通专业与职业体系，适时地把行业协会、政府、企业、学习者以及家长等多方利益主体均纳入体系，明确各自责权利边界，发挥各自优势，多元协同实现共同利益最大化。包括各行各业的现代学徒制不应用统一的要求和标准来约束。单个企业不具备行业的代表性，很难从整体上指导职业教育的发展。需要一个凌驾于个别企业高度之上，了解行业、企业人才需求的力量来指导职业教育发展，而行业协会完全具备这个能力参与职业教育并进行指导和管理。赵志群博士曾指出，现代学徒制涉及多个领域，不是一项纯粹的教育制度，它需要企业、行业组织充分参与。现代学徒制必须满足如国家、行业和地方协调统一的、公认的质量标准，才能实现所期望的政策目标，否则会存在失败的风险。由此可见，对于行业信息最了解的行业协会在现代学徒制中的作用不容小觎，充分发挥成熟、独立且受到社会认可的行业协会在促进现代学徒制发展中的作用是培养社会所需人才的重要手段。

四、准公共产品

依据萨缪尔森有关公共产品的理论，准公共产品是一种混合"公"与"私"性质的"混合产品"，介于纯公共产品与私人产品之间。现代学徒制教育具有有限的非排他性、非竞争性及外部性，是一种准公共产品。

依据公共产品理论，公共部门及私人部门均可提供准公共产品。如果现代学徒制这类准公共产品，完全由政府通过预算拨款提供，很可能会产生拥挤和过度使用。若完全由企业提供，又有可能造成增加收费项目、提高收费标准等情况，自然更不可能完全由学徒家庭提供。可见，无论哪个主体单独供给都不是最理想的状态，比较理想的方式应该是合作供给，政府和企业成为主要承担现代学徒制教育成本的主体。但是，如果政府在现代学徒制教育上分担的成本过多，便会减少其他方面的支出，不能最优地分配有限资源，从而影响效率。对于企业而言，希望所投入的成本能够获得相应的回报，若企业付出过多而导致利益不能实现时，便会降低企业参与的积极性。同时，在资源配置过程中可能出现信息不对称、垄断和外部性等情况也会导致无法有效参与现代学徒制教育。行业协会作为政府与市场沟通的桥梁，在供给公共产品方面具有灵活性较强、组织弹性大、对社会需求的回应性较强的特点，当出现供给受限或市场供给无法满足需求以及单个企业难以独自承担费用时，行业协会应给予及时、合理的补充，并将其作为服务的重点。行业协会拥有一定的社会网络，能准确把握行业内信息、整合利用资源以及熟练认知经济运行规律，这些优势是单个企业会员所无法比拟的。若行业协会成为政府、企业及学徒家庭的委托对象，可以利用外部联盟整合内外部资源，拓展可优化配置资源的范畴，通过在各主体间进行协调，有效补充政府和市场供给，从而实现教育成本分担比例的最优化。作为"内部人"的会员企业往往还能在获得公共产品方面拥有低成本、渠道便捷等优势，实现合作共赢。总之，行业协会可以担任准公共产品的供给者并使多方主体受益。同时，按照帕特南的观点，合作行为能够提高社会效率。行业协会的存在，能够通过达成一系列合约安排，促进校企政之间的合作，从而提供公共物品，提高有限教育资源的生产效率，有助于现代学徒制教育成为面向人人的公共福利。

第二节　行业协会视角

行业协会是政府、职业院校与市场之间的桥梁，深谙行业发展的最新动态及趋势，与现代学徒制教育有着天然的联系。这既是行业协会参与现代学徒制发展的内在逻辑，也是行业协会作用得以发挥的根本依据。本部分重点分析行业协会能够介入现代学徒制发展之中并成为参与主体的合理性原因。一方面，行业协会本身的属性决定了其具有参与现代学徒制发展的理性特质；另一方面，行业协会的职能决定了其具有参与现代学徒制发展的行事能力，共同构成了"参与的合理性"。

一、行业协会本体属性诉求

行业协会作为企业在社会领域的延伸，从本体属性上看，是类型多样的社会组织和社会第三方机构中的一类重要构成，是介于政府和市场之间的数量庞大的共益性、中介性、独立性、专业性组织。行业协会是职业教育发展的基础性要素和原动力系统，参与现代学徒制发展是本体属性诉求。

（一）共益性

行业协会是一个协调社会产业以及会员企业间各种关系的特殊利益共同体，具有共益性。共益性指整个行业的共同利益，强调行业协会的行业服务角色。行业协会作为追求经济利益的代表，重视成员利益和共同目的，在经济发展过程中，始终扮演着不可或缺的角色。教育是公益性事业，作为与民生、经济关联紧密的现代学徒制教育，理应坚持走公益性道路。行业协会作为行业利益的代表，能够关照到全体利益相关者的诉求。可以化解相关利益者之间的利益争端，在某些时刻也可以利用行业优势聚合行业利益，引导利益相关者在利益认可的基础上求同存异，找到利益结合点，达到行校企政结合的利益共创，是沟通协调政府、院校与企业之间关系的重要载体。

（二）中介性

从行业协会角度来看，行业协会介于政府和市场之间，它既不是政府的管理部门，也不在市场上以营利为目的，而是居间作为中介组织。按照第三部门理论，第三部门可以使政府和市场的关系更为和谐。在众多的第三部门中，行业协会是最适合参与现代学徒制的中介组织。刘晓（2015）[①] 在对高职办学利益相关者进行三维分析时，通过研究得出结论：行业协会、学生、教师、学校行政管理人员、用人单位、政府或上级主管部门属于高等职业教育确定型利益相关者（至少在两个维度上得分在 5 分以上，如表 2—2 所示）。

表 2—2　高职办学利益相关者的三维分类结果

维度 评分	（5，7）	（3，5）	（1，3）
合法性	学生、教师、学校行政人员、行业协会、用人单位	政府或上级主管部门、校友、捐赠者、家长、贷款者、社会公众、其他学校	—

续表

维度 评分	（5，7）	（3，5）	（1，3）

---

① 刘晓：《利益相关者参与下的高等职业教育办学模式改革研究》，浙江大学出版社 2015年版，第 73 页。

影响力	学生、教师、学校行政人员、行业协会、用人单位、政府或上级主管部门	校友、捐赠者、家长、贷款者、社会公众、其他学校	—
紧迫性	学生、教师、学校行政人员、用人单位、政府或上级主管部门、家长	行业协会、校友、捐赠者、贷款者、社会公众、其他学校	—

由此可见，行业协会是高职办学改革过程中不可或缺的群体，它与高职办学具有紧密的利害联系，甚至可以直接左右高职的生存和发展。

从企业角度来看，规模、性质、类型、目标构成以及其他具体情况各有差异的企业，在经济活动中，要以不同形式形成统一活动参与现代学徒制教育，必须借助于一定的中介组织。行业协会虽然不是企业，但是企业代表的联合体，其在三元关系"国家—市场—社会"中，既处于社会之中，又与国家与市场发生着某种交集，这种"中介性"的特殊性，使行业协会能够以自己特有身份和方式参与到现代学徒制教育之中，不仅能够以市场需求为导向，将企业的人才需求反映给职业院校，承担政府委托并为政府提供决策、咨询建议；同时还可以提供信息与技术服务，参与制定人才培养质量标准并实施监督等各个环节。虽然各国的职业教育模式不尽相同，但从国际职业教育实证研究来看，行业协会与企业都是学徒制发展过程中的利益相关体，行业协会的参与是学徒制发展的保障。学徒制在发展的过程中，一直与行业协会和企业之间存在合作关系，少了任何一个主体，合作都无法顺利进行。而且这种合作关系有持续下去的趋势，这不仅是经济发展和教育发展的客观需要，也是整个社会发展的必然要求。

从职业院校角度来看，行业协会与职业院校之间可以打造一种"合作共赢"的关系。第一，具备资格的行业企业通过与职业院校建立长效校企合作机制，利用行业企业内部的培训资源再结合学校教育资源，有利于培养出技术过硬、业务过关的高素质技术技能人才。学徒在企业学习期间，可以参与企业的生产销售活动，积累一定的工作经验，完成学习培训之后，优秀的学徒就可以成为正式的技术工人进入企业，提升了就业率。第二，行业企业参与现代学徒制发展，部分职业院校能够参与该行业的一些技术攻关，有利于企业技术的更新，产品质量的提高，保持企业的竞争力，在一定程度上推动行业的技术革新，提升生产效益，为企业创造一定的价值。行业协会通过帮助企业增加经营效益，企业往往会给予行业协会一定的资金和物力支持作为回报，这有益于增加行业协会参与的信心和动力。

总之，行业协会是政府部门、学校和企业的中介机构的特殊身份，使其能够建立起"政府—学校—行业协会—企业"四者之间的合作关系，并在参与中发挥积极的重要作用。行业协会在与各方利益沟通过程中，与其他利益主体共同合作，使学校、企业及政府之间的沟通更便利，促进产业界与教育界合作，共同服务于技术技能型人才培养。

（三）独立性

依据非政府组织理论，行业协会独立于政府和市场之外，不属于政府机关或者其附属机构。虽然行业协会是国家不可或缺的助手，协助政府发挥各项职能，但是其不受行政框架束缚，以中立态度理性平衡包括政府在内的职业教育多元相关主体间的利益。虽然行业协会是代表整个行业利益的、基于会员企业自愿达成契约而构建的组织，但是它不以营利为目的，不偏向企业会员。行业协会作为现代学徒制发展过程中的独立的主体，在法律框架下不受外在干预地追求自身利益，这一特性使行业协会在参与政、校、企合作中被寄予了很高的期望。随着政府逐渐放权，越来越少地干预经济生活，行业协会作为"第三种治理力量"，其功能替代作用越发显现。行业协会的独立性特征在现代学徒制发展中最突出的作用体现在：行业协会能够通过借助其在本行业的权威，站在行业的高度，依托其独立性、公平性上的优势，负责监督现代学徒制教育实施的质量，并对绩效进行考核评价，从而保证毕业生的就业率和就业质量、提升教育办学及育人的成效。

（四）专业性

行业协会主要由相关行业的专业技术人员组成，会员大多来自相关领域的专业科技人员。他们非常了解行业内企业的人才需求，可以有效连接人才"供给侧"与"需求侧"形成闭环反馈，满足社会化与个性化并存的社会需求。这方面的优势保证了行业协会在该方面的权威性和专业性，使行业协会参与现代学徒制发展成为可能。行业协会的专业性可以为职业教育教师提供有效的培训平台，指导具体的教学培训活动，促进教师发展，协助职业院校教师队伍实现专业化与实践化的双重目标，进而保证人才培养质量，为社会经济发展提供人才支撑。同时，行业协会可以采用市场这只"看不见的手"进行资源配置，凭借法律赋予的责任参与现代学徒制教育，填补职业教育发展中政府和市场这"两只手"无法涵盖的领域，突破单个企业"点对点"校企合作的局限，弥补市场不足，补充和优化政府职能，促进政、校、企多方进行资源的优势互补，在形成合作的长效机制的同时，还可以增强职业院校办学的灵活性，释放更多的办学活力。总之，现代学徒制发展过程中行业协会的加入，能更好地促进职业教育机制创新，并朝着多元化方向发展。

综上所述，应充分发挥行业协会共益性、中介性、独立性以及专业性等特征，促进行业协会积极参与到现代学徒制的各项活动中，提供符合市场需求的、动态的职业教育服务，满足现代学徒制发展的多元化、多样性诉求。

二、行业协会本体职能诉求

从行业协会本体职能上看，其与职业教育相关的职能可以概括为：连接教育界与经济界、教育质量评价、参与职业教育治理、沟通协调及转移技能培训的外部影响等。

（一）连接教育界与经济界

需求变化是社会经济不断发展变化的历史过程的重要体现和标志。随着我国社会经济不断发展变化，人才需求也随之出现新特征和新变化，当前出现的职校生"就业"和企业"用工"无法有效对接、"就业难"和"用工荒"并存的困境，迫切需要一个可以把握社会需求特点、紧密联系经济界与教育界的中介平台来改善。2021年的《中华人民共和国职业教育法（修订草案）》中增加规定：政府行业主管部门、行业组织可以参与制定本行业职业教育相关标准，开展人才需求预测、职业生涯发展研究。因此，公司或雇主及社会伙伴（尤其是行业协会）纳入职业教育和劳动力市场之间的联系系统中，是很有必要的。

从现代学徒制角度来讲，其服务发展需求的根本是通过加强与社会经济的联系和互动，提高人才培养的社会适应性，这也是提高现代学徒制教育自身适应性和保持和谐性的关键。行业协会为职业院校提供其所需的人才需求的信息，帮助职业院校提供实习实践的机会，与职业院校联合办学等，有利于提高人才培养质量、推动职业院校发展。行业协会参与现代学徒制发展，不但能满足深化产教融合的政策要求，又能极大地促进多元相关主体之间的协同联动，对促进职业教育产教深度融合也具有重要的意义。

从行业协会的角度来讲，行业协会在本质上属于市场机制，它的成员单位多是业内企业，具有很强的市场性和行业性。行业协会贴近市场，是行业对外的代表者、发言人，对信息动态有着灵敏的嗅觉，不但非常了解行业最新动态、发展方向和市场趋势，还全面掌握基于市场的、与本行业有关的各类人才层次结构与规格、人员标准、人才供求、岗位技能以及职业内涵变化等，对经济界的动态变化格局、市场人才规格需求等有着较为清晰的认识。行业协会通过为开展现代学徒制教育的职业院校提供劳动力最新供求信息及预测，参与现代学徒制教育的人才培养规格、目标和计划的设定，以及参与设置满足社会需求的学科专业、制订人才培养方案并调整教学内容等活动，为其提供动态的、符合市场需求的职业教育服务。总之，行业协会参与到现代学徒制教育中来，可以从源头上进行人才把控，改变我国职业教育人才培养滞后性与脱节性的状况，破解劳动力结构市场的供需困境。

从企业角度来看，行业协会参与现代学徒制教育发展，着眼于企业的长远利益，为企业提供所需人才培养方面的服务。行业协会参与现代学徒制发展，可以有效规避单个企业参与现代学徒制教育中可能出现的片面性与独特性，从而与职业院校之间形成"面面"或者"点面"的合作形态，通过发挥内行优势，在同各参与主体的互动中，引导和指点多主体协同共进，深化产教融合和对接市场需求，可以突破校企"用工"的浅层合作，深入育人的全过程，有利于有效对接职业教育供给端与需求端，拓宽毕业生就业局面，避免出现错位。行业协会的连接作用会得到会员企业以及公众的信任和认可，企业也因此增加参与行业协会组织活动的积极性，进而促进行业协会与企业良好合作关系的发展。

（二）教育质量评价

在国外，行业协会在职业资格认定方面的地位早已凸显，21世纪初，伦敦城市行业协会颁发的职业资格证书已超过250万份。[①] 目前，许多国家都有比较完善的教学质量评价标准，加拿大行业协会也承担鉴定学徒培训结果的责任，是颁发职业资格证书的主要评估主体之一。例如乔治布朗学院与企业联合举办的教育助理学徒培训，学员参加后，由

---

① 樊大跃等：《从英国伦敦城市行业协会看行业协会的教育功能》，《职业教育研究》2007年第1期，第165—167页。

行业协会评估其培训效果，再结合培训教师和社区学院的评估意见，确定是否向学员颁发助理证书。在加拿大很多中小学教师都需要获得教育助理证书，因此在加拿大拥有该证书学生的就业率非常理想。[①] 由此可见，行业协会作为第三方评估机构，参与现代学徒制教育质量评价，在激发企业参与职业教育治理的内生动力的同时，规范化与专业化并存的考试达到了以评促建的预期目标，能够促进现代学徒制的高质量发展。因此，健全社会第三方评价制度，完善支持、激励政策，明确包括行业协会在内的第三方评价在职业教育产教融合实践中的地位和作用显得非常重要。然而，在我国现代学徒制的探索过程中，尚未建立起科学规范的质量评价体系，这样势必会降低学徒阶段学习效果评价的有效性、合理性与科学性，现代学徒制的"双主体"育人过程不能取得真正的效果，最终会严重影响社会对现代学徒制教育的认可度。

　　行业协会与产业、市场联系紧密，积极引入行业协会站在行业发展的立场和企业需求的角度对现代学徒制人才培养质量进行评价，既是行业协会评价作用得以发挥的根本依据，又是提升职业院校办学质量的关键途径，更是国家教育政策的明确要求：2014 年的《现代职业教育体系建设规划（2014—2020 年）》及 2015 年的《教育部关于深入推进教育管办评分离促进政府职能转变的若干意见》中，明确提到要注重发挥"行业协会"在人才培养质量评价方面作用，大力支持其参与教育评价。近年来也有多部积极支持行业组织参与教育质量监管评价的文件，

① 黄日强：《行业协会在加拿大社区学院职业教育中的作用》，《东华理工大学学报（社会科学版）》2012 年第 1 期，第 52—57 页。

详见表2—3。

表2—3　与行业协会参与教育质量评价有关的文件汇总

时间	文件	核心内容
2019 年	《国家职业教育改革实施方案》	完善政府、行业、企业、职业学校等共同参与的质量评价机制，积极支持第三方机构开展评估
		行业协会要积极配合政府，为培训评价组织提供好服务环境支持
2019 年	《关于中华人民共和国职业教育法修订草案（征求意见稿）》	修订草案新增的第三十五条中，明确规定了职业学校应当吸纳行业、企业参与评价，接受社会监督，建立健全教育质量的评价与保障制度。教育行政部门应当委托或者组织行业、企业和第三方专业机构，对职业学校的办学质量、水平和效益进行评估
2020 年	《职业教育提质培优行动计划（2020—2023 年）》	明确提出要实施职业教育治理能力提升行动计划，完善政府、行业企业、学校、社会等多方参与的质量监管评价机制
2021 年	《中华人民共和国职业教育法（修订草案）》	职业学校、职业培训机构应当建立健全教育质量的评价制度，吸纳行业组织、企业参与评价，职业教育质量评价应当突出就业导向

自 2015 年我国开始推动教育"管办评"分离以来，行业协会、教育研究机构、社会性培训机构等纷纷提升自身的教育评估能力，以期更深度地融入职业教育人才培养和教学评价工作之中。行业协会参与现代学徒制教育质量评价，可以在一定程度上促进现代学徒制教育办学、管理与评价相对独立，保障了"管"与"评"制度层面的角色分离，能在更大程度上保证教育质量评价的客观性、合理性及公正性。有利于校企双方站在满足市场中长期需求、促进行业发展的高度看待人才培养，进而推进职业教育与行业产业的融合发展。同时也打破了社会性评价参与度不足而行政性评价占主导地位的现象，更精准地显现现代学徒制教育

办学及育人成效的同时，也能推动形成政府、行业、职业院校及企业协同联动、各司其职、相互制衡的办学机制，构建起多元共治的现代职业教育治理体系。对于促进职业教育评价的现代化转型具有重要的意义。

（三）参与职业教育治理

1. 行业协会参与现代职业教育治理是国家政策引导下的必然趋势

从 2007 年政府强调要充分发挥行业协会的行业治理作用，把适宜于行业协会行使的职能委托或转移给行业协会；到 2014 年全国教育工作会议提出"职业教育治理体系与治理能力现代化"的综合改革目标，指出要引入市场机制，由行业协会、企业及学校等多种社会与市场主体参与，改变政府的单一主体状态，并由此形成多部门联合提供职业教育产品与服务的合作关系，由此开启了职业教育从"管理"向"治理"的实践探索，提升职业教育现代治理能力及健全职业教育现代治理体系是国家治理能力现代化和治理体系的组成部分，也是新时代深化职业教育改革的重大课题；再到 2019 年国家对行业协会参与职业教育治理作出政策呼应，这都说明行业协会在国家政策引导下深度参与现代职业教育治理是必然趋势。

由以上分析可以看出，一方面，行业协会参与现代学徒制发展，是对国家强调积极拓展行业协会职能相关政策主张的回应，也是行业协会参与职业教育治理合法存在的重要前提。作为连接政府和企业之间的纽带和桥梁，行业协会最重要的作用是能在多元治理主体之间建立沟通关系，使各治理主体间实现协调互助和信息互换。参与现代学徒制教育治理，在政府主管教育部门制定相关的法律与政策的过程中，行业协会可以承担决策和咨询职能，为现代学徒制发展创造有利的政策条件；制定相应的职业标准、职业资格等，规范行业的行为，在承担管理职能的同时，为现代学徒制提供相应服务。另一方面，行业协会参与现代学徒制教育治理是对职业教育现代化需求的回应。现代学徒制教育的治理环境逐渐复杂，治理格局也在不断发生变化，行业协会参与现代学徒制发展，有利于树立合作治理理念，促进多元相关治理主体高效决策，进而促进治理手段更加多样化，治理结构更加完善、优化，治理体系更加分权化、专业化及多元化，治理机制更加科学化。因此，行业协会的参与会在一定程度上促进现代学徒制的发展，回应了职业教育现代化的需求。

2. 行业协会参与现代学徒制教育治理是其作为社会组织应尽的责任

当前虽无法律明确规定行业协会在参与职业教育治理方面有参与的强制性责任，但是行业协会是职业教育的重要受益主体之一，这就决定了其有参与现代学徒制发展的责任。行业协会的利益协调、资源整合、行业管理等方面的职能，使其拥有了得天独厚的治理优势。不同类型的行业协会对行业和市场治理限度不同。郭薇、秦浩（2013）从行业协会的业务活动场域和治理程度两个角度对不同类型行业协会的治理限度特点进行了总结。[①] 详见表2—4。

---

① 郭薇等：《行业协会与政府合作治理市场的可能性及限度》，《东北大学学报》2013年第1期。

表2—4　行业协会的治理限度特点

类型		行业治理限度特点（场域和程度）
不同层级的行业协会	全国性行业协会	辐射全国的行业治理权
	地方性行业协会	地域性辐射的行业治理权
	一级行业协会	辐射全行业的治理权
	二级分会	基本没有行业治理权
不同生发方式的行业协会	转制型行业协会	依托政府的行业治理权
	协助型行业协会	依托市场的行业治理权
	发展型行业协会	依托行业的行业治理权
不同管理形式的行业协会	直管协会	治理权与组织形式关系不大
	代管协会	治理权与组织形式关系不大
不同区分度的行业协会	综合协会	辐射一个或多个行业协会
	专业协会	辐射单一行业的治理权

由此可见，在我国不同类型的行业协会进行市场治理的场域、幅度和力度可能不同。我国的行业协会已经发展成为体系比较成熟的社会组织，在创新社会治理体制方面的作用将日益凸显。当代治理理论倡导"权力分散"和"多元共治"，这与行业协会作为社会组织中重要的构成与其他相关主体共同参与职业教育有一定的契合度。

（四）沟通协调

随着社会分工日趋细化、行业分工日趋专业化，行业协会成为沟通市场主体、协同市场发展以及创新社会治理的重要力量，其在学徒制的发展中一直居于十分重要的地位。其一，行业协会接受政府的委托，更为合理地行使职能和执行政府所作出的决策。行业协会作为在某一经济和社会领域中的主要信息获得源，掌握行业最为全面、关键的信息，其参与现代学徒制发展可以在一定程度上弥补政府自身可能存在的某些领域专业知识不足或是获取信息渠道不够丰富等方面的不足。同时，行业协会可以为政府提供权威行业信息，以便政府可以更实际化、科学化地为现代学徒制发展提供外部保障和支持，更能体现政府服务的本质特征。其二，行业协会以集体的形式介入与政府进行沟通协调，弥补因政府失灵而形成的监管真空。若众多的企业分别与政府进行沟通协调，会花费大量金钱与时间，致使单个企业承担较高的成本。而行业协会是企业代表的联合体，其深知职业教育与企业之间合作的必要性与重要性，行业协会以集体的形式介入，与政府进行沟通协调，在降低企业成本的同时，又可以为行业企业创造参与职业教育有利的宏观环境，[①] 从而促进政府、企业及各相关主体能够及时、全面、有效地参与现代学徒制发展。其三，行业协会是集行业代表、行业地位及资源整合于一身的中介组织，通过沟通与交流，可以打破现代学徒制教育中"一元"互动的局限，增强学校、政府及企业多方合作的主动性。在实践过程中，职业院校可以依托行业协会丰富的资源平台，与多家企业建立合作关系，通过行业协会的沟通协调功能，有效缓解政府颁发政策与职业院校间实践的弹性小以及相关利益主体之间存在矛盾冲突等问题，使校企之间的关系更为紧密、稳定和持续，按行业需求进行人才培养，从而促进现代学徒制人才供给与社会需求有效衔接，有利于推动政府、行业协会、企业、职业院校以及社会各方力量的和谐共进，推动现代学徒制可持续发展。

---

① 张栋梁：《行业协会在企业参与职业教育制度构建中的功能探讨》，《职教通讯》2015 第 34 期。

（五）转移技能培训的外部影响

从技能形成的视角看，有三种形式的技能：一般技能、特殊技能以及可转移性技能。一般技能是指通用技能，拥有这类技能的工人能够满足大多数雇主生产的需求，这类技能的培养主要是在职业院校实现的；特殊技能是与一般技能相对应的技能，拥有此类技能的工人只能满足特定企业生产的需求。这类技能要么由企业出资以厂内培训的方式获得，要么在劳动力市场获取成熟的技术工人，对于企业来说，直接在劳动力市场上获取成熟的技术工人更为有利；可转移性技能是能够从一份工作中转移运用到另一份工作中的，能够完成许多类型工作的技能，可转移性技能存在外部性。企业对技能培训的投资具有外部性，一个企业对员工的技能培训可以使其他企业免费受益，而企业培训的员工又具有流动性，受过培训掌握技能的员工，很容易被其他企业高薪挖走，这样就会导致企业缺少对员工技能培训的积极性。实际生活中，很多技能都属于可转移性技能，所以在德国，多数都是大型企业在企业内部提供技能培训，只有大约20%的中小型企业才提供内部培训，必要的职业培训就由行业协会出面组织以联合培训中心形式开展。行业协会参与现代学徒制发展，可以阻止个体企业过于功利的市场逐利行为，在一定程度上解决可转移性技能培训的外部影响问题。

第三节　政府视角

一、是政策导向下的必然趋势

为明确职业教育的社会地位与作用，政府积极动员、鼓励全社会力量参与，实行多元主体办学。行业协会参与现代学徒制发展源于国家法律的原则性规定，并构成了行业协会自治权存在的法律保障和合法性基础。自1985年后我国政府出台了一系列有关行业（行业协会、行业组织、行业主管部门）参与职业教育的政策文件，详见表2—5。

表2—5　行业参与职业教育的法律、政策文件

时间	法律／政策文件	涉及行业、行业组织、行业协会的相关条款	核心内容
1985年	《中共中央关于教育体制改革的决定》	行业（3处）	提出"逐步建立起一个从初级到高级、行业配套、结构合理又能与普通教育相互沟通的职业技术教育体系。"这一布局影响至今
1996年	《中华人民共和国职业教育法》	行业组织（3处）、行业（1处）	提出深化职业教育办学体制改革，形成政府主导、依靠企业、充分发挥行业作用、社会力量积极参与的多元办学格局，以法律的形式规定"行业组织和企业、事业组织应当依法履行实施职业教育的义务"。政府逐渐开始尝试将部分管理职能转移给行业协会

续表

时间	法律／政策文件	涉及行业、行业组织、行业协会的相关条款	核心内容
2002 年	《关于进一步发挥行业、企业在职业教育和培训中作用的意见》	行业组织（14 处）、行业主管部门（7 处）、行业（37 处）	纲领性文件，为我国首部有关行业企业的指导性政策
2002 年	《国务院关于大力推进职业教育改革与发展的决定》	行业组织（1 处）、行业主管部门（2 处）、行业（9 处）	深化职业教育办学体制改革，形成政府主导、依靠企业、充分发挥行业作用、社会力量积极参与的多元办学格局
2005 年	《国务院关于大力发展职业教育的决定》	行业协会（1 处）、行业主管部门（1 处）、行业（9 处）	依靠行业企业发展职业教育，推动职业院校与企业的密切结合
2010 年	《关于加强职业培训促进就业的意见》	行业组织（1 处）、行业主管部门（1 处）、行业（2 处）	强调充分发挥行业主管部门和行业组织在职业培训工作中的作用，做好行业人才预测、指导行业完善培训制度、落实培训政策
2010 年	《国家中长期教育改革和发展规划纲要（2010—2020 年）》	行业协会（1 处）、行业组织（1 处）、行业主管部门（1 处）、行业（14 处）	明确将"调动行业企业的积极性"作为至少十年内推动我国职业教育改革发展的一项重要任务，同时要求："建立健全政府主导、行业指导、企业参与的办学机制……鼓励行业组织、企业举办职业学校……积极发挥行业协会教育公共治理中的作用。"
2010 年	《关于批准成立全国财政职业教育教学指导委员会等 43 个行业职业教育教学指导委员会的通知》	行业组织（5 处）、行业主管部门（3 处）、行业部门（1 处）、行业企业（1 处）	进一步发挥行业主管部门和行业组织在发展职业教育中的重要作用，推动职业教育改革创新
2011 年	《关于充分发挥行业指导作用推进职业教育改革发展的意见（教职成〔2011〕6 号)》	行业协会（1 处）、行业组织（5 处）、行业主管部门（3 处）、行业（14 处）	纲领性文件。加快建立健全政府主导、行业指导、企业参与的办学机制，推动职业教育适应经济发展方式转变和产业结构调整，培养大批现代化建设需要的高素质劳动者和技能型人才

续表

时间	法律／政策文件	涉及行业、行业组织、行业协会的相关条款	核心内容
2014 年	《国务院关于加快发展现代职业教育的决定（国发〔2014〕19 号)》	行业组织（3 处）、行业部门（2 处）、行业（15 处）	要加强行业协会在职业教育发展中的地位和作用，把适宜行业组织承担的职责交给行业组织，给予政策支持并强化服务监管
2014 年	《教育部关于开展现代学徒制试点工作的意见》	行业（7 处）	逐步建立起政府引导、行业参与、社会支持，企业和职业院校双主体育人的中国特色现代学徒制
2014 年	《现代职业教育体系建设规划（2014—2020 年)》	行业协会（4 处）、行业组织（3 处）、行业主管部门（1 处）、行业部门（2 处）	鼓励大型企业、科研机构和行业协会举办或参与举办特色学院，新增一批优质高等职业教育资源。支持行业协会开展职业院校人才培养质量评估。鼓励行业协会举办或参与举办农业职业院校，参与涉农专业、课程和人才培养模式改革
2015 年	《高等职业教育创新发展行动计划（2015—2018 年)》	行业协会（1 处）、行业组织（3 处）、行业部门（2 处）、行业（59 处）	鼓励行业参与职业教育、支持地方和行业引导、扶持企业与高等职业院校联合开展"现代学徒制"培养试点
2015 年	《职业院校管理水平提升行动计划（2015—2018 年)》	行业（5 处）	推动职业院校以强化教育教学管理为重点，全面贯彻落实国家有关政策、制度、标准和要求，不断提高管理工作规范化、科学化、精细化水平，加快实现学校治理能力现代化
2017 年	《关于深化教育体制机制改革的意见》	行业组织（1 处）、行业主管部门（1处）、行业（2 处）	深化教育体制机制改革，全面贯彻党的教育方针，坚持社会主义办学方向，全面落实立德树人根本任务

续表

时间	法律 / 政策文件	涉及行业、行业组织、行业协会的相关条款	核心内容
2017 年	《关于深化产教融合的若干意见》	行业组织（2 处）、行业主管部门（2 处）、行业（20 处）	逐步提高行业企业参与办学程度，健全多元化办学体制，全面推行校企协同育人，用 10 年左右时间，教育和产业统筹融合、良性互动的发展格局总体形成，需求导向的人才培养模式健全完善，人才教育供给与产业需求重大结构性矛盾基本解决，职业教育、高等教育对经济发展和产业升级的贡献显著增强
2018 年	《职业学校校企合作促进办法》	行业组织（4 处）、行业主管部门（2 处）、行业（4 处）	校企合作实行校企主导、政府推动、行业指导、学校企业双主体实施的合作机制。行业主管部门和行业组织应当统筹、指导和推动本行业的校企合作
2019 年	《国家职业教育改革实施方案》	行业协会（1 处）、行业（6 处）	行业协会要积极配合政府，为培训评价组织提供好服务环境支持，不得以任何方式收取费用或干预企业办学行为
2019 年	《中华人民共和国职业教育法修订草案（征求意见稿)》	行业协会（1 处）、行业主管部门（5 处）、行业组织（11 处）、行业（16 处）	明确了校企合作的形式，推进学徒制培养，促进行业企业参与职业学校招生、专业设置管理、培养方案制订、质量评价等全过程
2020 年	《职业教育提质培优行动计划 (2020—2023 年)》	行业组织（1 处）、行业（11 处）	主要目标：国务院有关部门协同配合、地方落实主责的职业教育工作机制更加顺畅，政府行业企业学校职责清晰、同向发力，政府统筹管理、社会多元办学格局更加稳固。 任务：构建政府行业企业学校协同推进职业教育高质量发展的新机制

2019 年 1 月 24 日，国务院印发的《国家职业教育改革实施方案》中，更有第五条、第七条、第十条以及第十八条四条内容涉及行业对

于教育的指导作用，支持行业企业深度参与技术技能人才培养培训，促进全面提升教育教学质量。综上所述，若要全面加强校企深度合作，推进我国职业教育可持续发展，行业协会积极有效地参与指导，与职业院校及企业形成命运共同体是一个重要选项。

综上所述，一方面我国政府已经意识到了行业（组织、协会、主管部门）对于现代学徒制教育的重要意义，明确倡导行业参与并承认行业可以具体承担诸多任务，有责任或义务依法参与指导职业教育。我国行业协会参与职业教育有充分的政策依据，现有政策文件为行业协会参与现代学徒制发展提供了一定的法律依据及保障。

另一方面，通过对上述文件进行梳理可以看到，政策制定主体由单一的教育部牵头和主导，逐步向多元化主体转变，并延伸到国务院，增加了权威性和力度。政策主体的隶属关系逐渐变得更加具体和明确，使行业协会参与现代学徒制发展的针对性更强，各项工作逐步落实到具体部门。同时，政策内容逐渐呈现出微观聚焦态势，由顶层设计、系统规划向行业参与招生、培养方案制订、专业设置管理以及质量评价等教育全过程的可操作性随之得到强化的政策内容转变。并明确提出行业协会要担负起本应或适合由其承担的责任，充分发挥行业协会的指导作用，加快转变职能。政府将教育职权让渡给行业协会，可以缓解开展现代学徒制教育的职业院校与其之间紧张的从属关系，能更好地加强与企业的沟通联系。现有的相关政策文件反映了我国政府对行业协会参与现代学徒制发展的总体规划与顶层期待，同时为行业协会参与现代学徒制发展提供了一定的法律依据及保障。

二、是缓解财政压力的有效途径

根据办学要求和人才培养的实际需要，我国政府制定了相应的财政投入制度，以保障职业院校办学和人才培养的需要。与普通教育相比，我国职业教育环节较多、成本相对较高的特点，决定了优化配置资源的重要性和必要性。我国实施教育兴国和教育强国的发展战略，国家对教育经费的投入不断增加，从 2013 年的 30364.72 亿元至 2020 年的 53014.00 亿元，国家对教育总经费投入增加了 22649.28 亿元（见表 2—6 和图 2—1）。

表 2—6　2013—2020 年国家教育经费投入

（单位：亿元）

年份	2013	2014	2015	2016	2017	2018	2019	2020
经费投入	30364.72	32806.46	36129.19	38888.39	42562.01	46143.00	50178.12	53014.00

政府对教育教学事业提供财政支持服务，有效促进职业教育发展的同时，也增加了政府的财政压力。行业协会作为重要的社会组织之一，可以整合社会资源，在缓解政府压力中有着独特的作用和天然的优势。行业协会参与职业教育发展，在某种程度上可以凭借其第三方力量的身份矫正"政府失灵"和"市场失灵"，充分发挥私序与公序的联合治理功能，在提高成效的基础上节约交易成本，能够使有限的教育投入得到更好的教育产出，实现经济学上的帕累托最优。行业协会参与现代学徒制发展，可以在一定程度上减轻政府教育主管部门负担，使政府的职能

（单位：亿元）

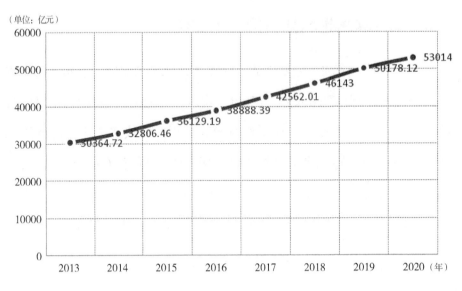

图 2—1 2013—2020 年国家教育经费投入及增长情况

和任务更加合理，还可以减少冗余的部门和机构以及不必要的财政支出。行业协会参与现代学徒制发展，可以促使社会资源配置方式转向更合理的"国家—社会—市场"三元协同治理模式，可以优化国家治理经济的手段，提高职教资源的配置效率，降低资源配置的政府成本，提高整体教育投资效益。

三、是加快政府职能转变的必然选择

在全面深化改革背景下，重构政府与行业协会关系，加快政府职能转变，深化行政体制改革，对适应新时代需求以及推动行业协会更好地发挥功能等具有重要意义。政府从完全掌舵职业教育，到慢慢放权，呼

吁社会组织参与其中，意味着职业教育可以与市场结合。2002 年我国不少省市相继制定了地方性法律规章，以推动行业协会民间化或"脱钩"。2013 年我国出台《国务院机构改革和职能转变方案》，其中指出："改革社会组织管理制度，推进行业协会商会与行政机关脱钩。"作为世界贸易组织的成员，2015 年，国家大力推动"放管服"改革，启动了新一轮行业协会脱钩改革。我国党和政府在 2015 年 7 月颁布《行业协会商会与行政机关脱钩总体方案》，部署开展政会脱钩改革。该方案也明确提出，通过厘清行业协会与行政机关的职能边界，促进行业协会逐步成为自主规范的组织，充分发挥行业协会的职能。2019 年 6 月 14 日，国家发改委、民政部等十个部门联合发布《关于全面推开行业协会商会与行政机关脱钩改革的实施意见》指出，要取消行政机关（包括下属单位）与行业协会商会的主办、主管、联系和挂靠关系，行业协会商会依法直接登记、独立运行，不再设置业务主管单位。截至 2019 年，脱钩转型的行业协会已经过半。2020 年行业协会商会与政府脱钩改革由试点转入全面推开阶段。2021 年 2 月 23 日，国新办举行民政事业改革发展情况发布会，民政部副部长詹成付在发布会上表示，截至 2020 年底，共有 728 家全国性行业协会商会和 67491 家地方行业协会商会按照"五分离、五规范"的要求基本完成了行政脱钩改革，完成率分别为 92% 和 96%。随着脱钩改革的推进，行业协会的凝聚力得到了进一步增强，管理考核逐步规范，为行业协会承接政府职能转移提供了管理体制优势，可以促进中国特色社会主义市场经济不断发展。相关政策文件及会议主要内容详见表 2—7。

表 2—7　政会脱钩文件及会议主要内容

时间	政策文件	主要内容
2015 年 7 月	《行业协会商会与行政机关脱钩总体方案》	促进政府转变职能，形成分工明确、责权明确、依法处置的社会组织体制，厘清政府、市场和社会之间的关系，以便促进行业协会的发展
2019 年 6 月	《关于全面推进行业协会商会与行政机关脱钩改革的实施意见》	凡是符合条件并纳入改革范围的行业协会商会，都要与行政机关脱钩，加快成为依法设立、自主办会、服务为本、治理规范、行为自律的社会组织。要求 2020 年年底前基本完成
十八届三中全会		"鼓励和支持社会各方面参与，实现政府治理和社会自我调节、居民自治良性互动""激发社会组织活力""正确处理政府和社会关系，加快实施政社分开，推进社会组织明确权责、依法自治、发挥作用""适合由社会组织提供的公共服务和解决的事项，交由社会组织承担"
党的十九大		打造共建共治共享的社会治理格局。加强社会治理制度建设，完善党委领导、政府负责、社会协同、公众参与、法治保障的社会治理体制，提高社会治理社会化、法治化、智能化、专业化水平

对于政府和行业协会商会而言，脱钩改革意味着规范了各自的职能定位，构建起行业协会与政府两者之间良性的新型互动关系模式，对推动全面深化改革具有重要意义。一方面，从政府角度看，脱钩后的政府从只管理所主管的社会组织转变为对整个行业的社会组织进行引导和监督，可以有效促进行业管理的全覆盖；脱钩改革促使行政机关做好政府职能的"加减法"。政府将加大对行业协会的支持力度，通过向行业协会商会购买服务或委托事项，深化简政放权、放管结合、优化服务改革。另一方面，从行业协会角度看，"脱钩"减少了外部约束，增强了自主权，激发了活力，进一步发挥了自身的优势和作用，越来越多的脱钩行业协会正在规范发展。行业协会作为一个中间层次组织，在法律框

架范围内，承担着部分原来国家教育主管部门的行政管理、监督与实施的职责，既是现实需求，又是政策要求，更是加快政府职能转变的必然选择。

第三章 我国行业协会参与学徒制发展的历史回顾

　　历史分析的目的旨在发现行业协会参与学徒制发展的演化规律，通过梳理力求回答我国行业协会在学徒制发展的各阶段中是否参与，以怎样的参与形式在历史发展的进程中不断演变，以期寻求推动行业协会参与学徒制发展的主要动力。关于学徒制的发展演化，学者的观点并不完全相同：关晶（2010）依据学徒制形态的变化，将其分为前学徒制、手工业行会学徒制、国家干预行会学徒制、集体商议的工业学徒制以及现代学徒制五个阶段；徐国庆（2017）认为，学徒制分为个体手工业学徒制时期、传统行会学徒制时期、企业学徒制时期以及现代学徒制四个时期。我国的封建社会时期比较漫长，在此期间职业教育形态没有发生太大变化，职业教育的主要变化发生在新中国成立以后。另外，我国的"学徒制"发展具有较为明显的断层性、跳跃性和不完全连续性。鉴于此，本研究主要采取"类别"回溯的方式，在大的时间分段上，只区别新中国成立前和新中国成立后，分别对我国不同类型"学徒制"的历史演变中行业协会的参与情况展开回溯并进行分析。

随着人类的出现，为了适应社会生产和生活的需要，教育作为人类特有的社会现象便随之产生。而职业教育作为承担着特殊使命和任务的教育门类，是伴随社会分工、职业的产生与发展而随之出现的。自从人类社会开始出现社会劳动分工以及不同职业分类，"子承父业、师徒传承"式的学徒也随即产生。

学徒制在中国古代又称"艺徒制""师徒制"或"工徒教育"，师傅通常称为"匠"，技术被称为"艺"，徒弟被称为"艺徒"。学徒制既是我国古代职业教育的重要形式之一，也是手工技艺学习和传承的最主要形式。

关于我国行业协会形成的具体时期，史学界并未形成一致的意见和认识。如前所述，行业协会萌芽于行会，是行会诸多演化形态之一。而对于行会兴起的确切历史，始终没有翔实的史料记载。新中国成立前，不少学者指出我国行会的产生可以追溯到春秋时期的"肆"，认为"百工居肆以成其事"的"肆"是我国最早的行会组织。还有学者认为周代末年起到汉代，中国已有手工业和商业行会。新中国成立后，史学界有些学者指出我国行会产生于隋代，也有学者认为产生于唐代，《中国百科大词典》记载，早期的行会出现在隋唐时期，距今有1000多年的漫长历史。但也有学者（屠世超，2008）认为，隋唐时期的"行"指的是"职业"或者"行业"，而不是行会，所以当时虽然已存在"行"，但未必有行会组织，古代的行会是到宋代才形成的。米靖（2009）在

《中国职业教育史研究》中指出，我国"真正意义"上的行会产生于清朝前期。

有关行业协会参与学徒制发展探究的关注点必然要聚焦在"学徒制"与"行业协会"的时间交集上。如前所述，我国的行会晚于学徒制产生，鉴于此，"历史回顾"部分研究行业协会（行会）参与学徒制发展的情况，将研究内容分为行会产生前的学徒制发展以及行会产生后参与学徒制发展两个阶段。

第一节　行会产生前的学徒制发展情况

在原始社会，没有现代意义的"职业"，更没有所谓的职业教育，但是作为实质性的技艺及日常生活经验的传授却已存在。这一时期生产力水平低下，人类最初的教育活动并未从劳动和生活过程中独立、分离出来，因此各种技能只能通过口传手授这种直接而又简单有效的劳动技术传授方式进行。如我国文献《白虎通》（卷一）中记载到："古之人民皆食禽兽肉。至于神农，人民众多，禽兽不足，于是神农因天之时，分地之利，制耒耜，教民农耕……"《孟子·滕文公上》也提到："后稷教民稼穑，树艺五谷，五谷熟而民人育。"《吴越春秋》："尧聘弃……拜弃为农师，封之台，号为后稷。"《路史》（后纪卷五）："嫘祖始教民育蚕，治丝茧以供衣服。"上述古籍中的"教民农耕""教民稼穑""拜弃为农师"以及"教民育蚕"等，都从不同侧面反映了中国原始社会技艺传授的事实。①

在原始社会末期的氏族公社时期，职业知识和技术水平得以大幅提高，工艺的传播和教育密切相关。如在我国华北地区，形成了两种制作工艺传统，其一为"大石片砍砸器——三棱大尖状器"传统。其二为"船头状刮削器——雕刻器"传统。从考古发现来看，这两种制作传统的划分较为明确。这就说明制作工艺是基于长期的传播和传授的，趋于定型，形成了区域性的工艺特征。在新石器时代，制石工艺逐渐成为专门的职业，许多精致的石器工艺令人叹服。②显然，要形成高水平的技艺，必须在生产过程中对生产者进行严格的训练与培训，这证明当时已经开始出现师徒传授的雏形。

夏王朝的建立结束了漫长的原始社会，开始了长达1300多年的奴隶社会。我国有历史文献记录的最早的形成规模的学徒制出现在奴隶制时期。③西周时期艺徒训练已经进行了初步的分工，有号称"百工"的手工业。当时的官营手工作坊规模都比较大，生产工艺分解得很细，要求协作生产，故有"车有六等之数"之说。在官营作坊中负责生产环节管理同时训练徒弟的师傅被称为"工师"，其在生产实践中逐渐形成了一定的规范，积累了各门技艺的宝贵经验，也使精湛的技艺得以

---

① 孙立家：《中国古代职业教育的主要教育形式——艺徒制》，《职业技术教育》2007年第7期，第72页。

② 米靖：《中国职业教育史研究》，上海教育出版社2009年版。

③ 雷前虎等：《我国学徒制的历史演变及思考》，《邢台职业技术学院学报》2016年第10期。

传承。夏、商、西周时期，建立了较为系统和完善的职官体系，当时实行世袭制度，出现了"畴人世学"现象，"家业世世相传为畴。律，年二十三傅之畴官，各从其父学"。① 通过仕宦之途将关于职事的知识及技术流传下去，形成了世代相袭、父子相继、通过言传身教传播技艺和知识的世官之学，开职业教育之先河。职官们以家传世学的方式，将职业技术和知识代代相传，"畴人世袭之学"具有明显的职业教育性质，职官体系中出现了职业教育的早期形态。这种父母教自己的孩子以模仿等方式学习基本生活技能的教育形式，被认为是学徒制最原始的起源。这种父子相继的教学关系，虽然是限于家庭内部的、自发地传授生活技能方式，技艺传播模式也比较初级、单线，但是在当时却在很大程度上传承与延续了我国的原始技艺，满足了当时生产力发展的需求。

随着生产力的快速发展与社会分工的需要，职业教育逐渐走出家庭内部，通常是吸收别人家的孩子作为养子，以养父子关系为基础、向家庭以外的成员传授技艺。虽然这一时期的学徒制走出了家庭，但是仍然具有浓厚的私人性质，仅仅是一种自发的生活技能传授方式，以一种初级的未被完全制度化的形态存在，不少职业执行严格的世袭制度，是奴隶社会最主要的职业教育形式。

---

① 《史记集解·历书》引如淳解。

第二节　行会产生后参与学徒制发展的情况

我国学徒制走向制度化的主导推动力量不是行会，而是国家，在这点上不同于欧洲社会。总体来讲，我国行会产生后并未直接参与到学徒制中，行会参与学徒制发展基本上是经历了从"游离于外"到"介入其中"，最终演变为"有限参与"的过程。

一、行会游离于学徒制之外阶段

我国行会已经产生但是未参与到学徒制教育中的阶段。我国的行会在历史上经历了独特的、断裂式发展，名称比较复杂多样，几乎是因地而异、因时而异、因业而异。曾以"肆""行""帮""会"等不同形式出现。[①]春秋时期，我国手工业发达，"百工居肆以成其事"，行会的头领被称为"肆长"，"肆长各掌其肆之政令"。由此，有些学者认为当时我国已经出现了古代的行会"肆"。但是当时的行会并非真正意义的行会组织，也并未参与到学徒制教育中。

春秋战国是奴隶社会向封建社会转型时期，这一时期的手工业工匠，主要通过家传世学和学徒制两种方式进行培养。家传世学即世代为

---

① 贾旻：《行业协会参与现代职业教育治理研究》，博士学位论文，天津大学，2016年。

手工匠艺人，子承父业，技艺绝不外泄；学徒制既有技术的能工巧匠也会打破家庭的圈子，或设学收徒专门培养弟子，或招收徒工在工作中传授技艺。[①] 随着奴隶社会的崩溃，流散到民间的一些原来的职官（畴人）开始开设私学收徒。《史记·历书》记载："幽、厉之后，周室微，陪臣执政，史不记时，君不告朔，故畴人子弟分散，或在诸夏，或在夷狄。"另有《汉书·艺文志》记载："农家者流，盖出于农稷之官……"这便使得原本密藏于官府的技术流传到民间，又在民间的生产实践中不断完善，促进技术不断发展进步。当时，还出现了突破家庭圈子收徒实行个别传授的现象。《史记·扁鹊仓公列传》中便记载了长桑君收扁鹊为徒教授其高明医术的过程。春秋战国时期的艺徒训练，开始形成了相应的方法与原则，积累了一定的经验。《礼记·学记》记载："良冶之子，必学为裘：良弓之子，必学为箕；始驾（马）者反之，车在马前。君子察于此三者，可以有志于学矣"。说明当时有经验的师傅教授子弟技术的特点，从最基本的方面进行训练。《庄子·人间世》中记载："匠石之齐，至于曲辕，见栎社树。其大蔽数千牛，絜之百围，其高临山十仞而后有枝，其可以为舟者旁十数。观者如市，匠伯不顾，遂行不辍。弟子厌观之，走及匠石，曰：'自吾执斧斤以随夫子，未尝见材如此其美也。先生不肯视，行不辍，何邪？'曰：'已矣，勿言之矣！散木也！以为舟则沉，以为棺椁则速腐，以为器则速毁，以为门户则液樠，以为柱则蠹。是不材之木也，无所可用，故能若是之寿。'"木工师徒之间的问答，说

---

① 米靖：《中国职业教育史研究》，上海教育出版社 2009 年版，第 37 页。

明当时学徒制度广泛存在，授人以规矩，而不授人以巧。但是，当时的行会是政府为适应城市经济发展到一定阶段对市场工商诸行统一管理的需要而采取行为的结果。即行会是政府实施经济管理的重要手段，而不是真正意义上的抵制与反抗城市封建领主的掠夺、维护自身利益、限制同行竞争、谋求行业发展的行会组织。所以，当时的行会并未投身到学徒制教育中。

进入封建社会顶峰时期的唐朝，官营手工作坊非常发达，形成了较为系统和发达的艺徒教育和培养制度，推动和促进着手工业发展。随着行业分工的进一步细化和行业管理协调的需要，行业性组织比较发达，"行"的数量持续增长，唐朝的行会遍及各行各业，并形成了一定的规模，其成员被称为"行人"，首领被称为"行首或长行"。但是，当时国家没有赋予行会管理学徒制的权力，而是中央集权统治，国家专门设置了职官负责管理学徒培训。各级政府机构均设有管理官营手工业的机构：唐朝政府设立专门管理工业的最高政务部门——尚书省工部，其主要负责下达营造计划。尚书省工部下设少府监和将作监，主要负责具体实施营造计划，在全国范围内选拔优秀工匠。选拔上来的这些身怀绝技或谙熟生产技术的能工巧匠，作为官营作坊的工师充任训练艺徒的师傅，他们既管理生产，又训练艺徒。此外，在少府监"掌百工技巧之政"，制定包括学徒年限及考核制度的培训标准，具体管理培养艺徒的制度。将作监"掌土木工匠之政"，下设有甄官，使"砖瓦之作，瓶缶之器，大小高下，各有程准"。为当时艺徒标准、规范地学习和制作提供依据。少府监以及将作监对学徒制实行严格的国家管理的情况下，行会参与学徒制教育的力量与作用显得微不足道。当时的行会制度与中世纪欧洲的不同，也没有产生行会学徒制。

宋代以前，城市有严格的"市籍"制度。市场经营者必须按律缴纳"市籍税"，并服从市政官员的管理。在政府严格的工商管理制度下，政府包办行会应承担的各项职能，使行会丧失了生存的前提和基础。[①]到了宋朝，随着商品经济的进一步发展，商店货铺散布在城市的各处。坊市制度被彻底废弃，所有对市场的地域和时间限制已完全取消。随着城市工商业经营方式的转变，政府不可能再直接干预和监督从商品生产到流通的全过程，使政府原有的管理制度失去了意义。为了便于对工商业者进行课税与征调徭役等，政府按所属行业将工商业者组织起来，并要求每个在城市谋生的经营者，皆须"投行"，否则就会停业并予以制裁。至于工商业者，也需要组织起来，以应付官府的科索和官差，保护本行的利益，保证商业信誉等。这双方面的需求，促成了我国工商业中出现了既受官府和客商制约，又有力量同官府和客商抗衡的以维护自身利益为目的的组织——"行"，这是我国古代"行会"的最初形态。[②]据《梦华录》记载，宋代手工业无论生产物件大小，都设置了"团行"，各团有"行老"。"团行"之上设"库"，"库"有"行首"。民间手工业作坊受"团行"和"库"的辖制，凡是作坊雇佣工匠和学徒，

---

① 屠世超：《契约视角下的行业自治研究——基于政府与市场关系的展开》，博士学位论文，华东政法大学，2008 年。
② 魏天安：《行商坐贾与宋代行会的形成》，《中州学刊》1997 年第 1 期。

都要经过"行老"和"行首"的同意。[①]宋代城市中行的数量很多，如南宋时期，杭州城内有大小不同规模的行业共计414行，同时各行中有许多行户。虽然宋朝是官营作坊艺徒制的发展和进步的时期，也产生了行会组织，但是宋朝设有艺徒制的皇家官营作坊，中央管理部门中均开展艺徒的培训活动，行会仍然游离于学徒制之外。当时除了少府监、将作监外，比隋唐时期还多了军器监，各监又分别下辖多个生产机构。少府监"掌百工使伎巧之政令"，是宋朝重要的手工业管理机构；将作监"掌宫室、城郭、桥梁、舟车营缮之事"，它对艺徒培训的要求则是"庀其工徒，而授以法式；寒暑早暮，均其劳逸作止之节"[②]；军器监"掌监督缮治兵器什物，以给军国之用"，对艺徒制有更为详细的规定，要求用"法式"教授工徒，"因其能而分其任"，赏优罚劣，艺徒训练日臻规范。所谓"法式"，类似于如今的技术操作手册，包括一些最基本的技术知识以及在总结生产经验基础上形成的规范和要求。宋朝有许多著名的"法式"保证生产的标准化和定型化。如《营造法式》《熙宁法式》《弓式》等。显然，宋朝以"法式"为标准培养学徒，强调对"法式"的统一和执行，大大促进了艺徒技能的提高，是学徒制培训制度的进步之处，也促进了当时手工业生产的发展。当时的政府为提高艺徒培训效率与质量逐渐形成了基于规范与标准的学徒培训管理制度，提出"凡利器以法式授工徒"，并以此为标准培养、考核学徒，

---

① 孙立家：《中国古代职业教育的主要教育形式——艺徒制》，《职业技术教育（理论版）》2007年第7期。

② 出自《宋史·职官志》。

十分严格。由此可见，当时我国学徒培训无论从选拔、培养还是考核，在整个学徒教育过程中，国家未授权行会管理学徒制的权力的同时其基本上代替行会发挥着各项管理职能，行会的参与力量十分弱小，游离于学徒教育之外。

金元时期的行会同样是政府为了保障顺利实施管理措施，维持市场交易秩序而存在的，并不是真正意义上的自治行会。官府对一些影响较大的行业还专门设立管理机构，颁发专项管理条例，有时甚至垄断经营，如金世宗大定二十八年，在京府、节度州添设流泉务凡28所，置专员直接管理典质行业①。元朝控制工匠主要采取拘括户口的制度，户籍编入另册的工匠被称为"匠户"。"匠户"的职业非经放免，子孙不能脱籍，是世袭的。官局中的劳役也是完全强制的，匠不离局。官营手工业技术主要还是以家传的方式存在。② 当时行会虽然存在，但是行会力量的弱小以及对官府的附庸、依赖使其被定位在"政府进行市场管理的助手"，缺失独立性和自主性，游离于学徒培训之外。明代苏州金箔业行规规定："收徒只许一人，概规例如此，不欲广其传也。"我国的官营学徒制完全是随着封建王朝的兴衰而发展变化的，随着封建社会的没落，官营学徒制也完全退出了我国的历史舞台。③

从春秋战国至明初时期的行会脱胎于封闭的自然经济，具有天然的

---

① 贾西津等：《转型时期的行业协会——角色、功能与管理体制》，社会科学文献出版社2004年版，第52页。

② 米靖：《中国职业教育史研究》，上海教育出版社2009年版，第101页。

③ 关晶：《职业教育现代学徒制的比较与借鉴》，湖南师范大学出版社2016年版，第232页。

封闭性和排外性，还不属于真正意义上的抵制与反抗城市封建领主的掠夺、维护自身利益、限制同行竞争、谋求行业发展的自治行会组织，只是属于具有行业协会性质的组织。唐宋时期，行会便被政府纳入对市肆的行政管理体系，行会作为官方附庸性质的组织存在，是政府保障顺利实施管理措施、维持市场交易秩序、进行经济管理的助手。这种缺失独立性、自主性的行会无法承担管理学徒制的职能。从唐宋时期起国家便对学徒制实施管理，要求用"法式"教授工徒，"因其能而分其任"，赏优罚劣，艺徒训练日臻规范。我国自明代开始实行当行制度，即要求加入行会组织需要在政府编审的簿册上登记注册，且每隔几年再次进行编审。行会组织具有深深的官办和维护行业垄断的鲜明色彩。这一阶段，中央集权统治并未赋予行会管理学徒制的权力，无论从学徒选拔、培养还是考核整个学徒教育过程中，国家基本上代替行会发挥着各项管理职能，行会的参与力量十分弱小，游离于学徒教育之外。

二、行会介入其中阶段

明清时期是中国封建社会商品经济发展得最为兴盛的时期，随着资本主义萌芽的出现，当时行会的数量有了很大的增长，行业的划分比宋朝还要细，名称也众多，成为当时商业社会中不可或缺的一个组织。一般认为，我国真正意义上的行会产生于清朝前期，经历乾隆、嘉庆到道光，数量逐渐增多，它的下限延伸得很久，直到辛亥革命以后，也还没有完全消失。①我国明清时期的行会出现了"团、团行、市、作、社、会、公所、祠、公会、会馆、祀、堂、庙、宫、书院、行会、门、派"等十几种称谓，但行业的实质内容一直延续。中国行会纷纷整合为地区商会、总商会乃至全国商会联合会。②行会的产生催生了行会学徒制，没有学徒经历的人便没有经营工商业的资格，打破了"家传世袭"的狭隘，促进了整个职业教育的发展。③我国明朝中叶时期，商品经济开始活跃，随着资本主义萌芽的显现，国内市场不断扩大，江南地区开始大量出现工厂手工业，行会组织开始增多，并且强化了维护行业利益的功能，突破了协助政府管理的职能局限，行会制度更加完善。行会组织逐渐介入学徒制培训，管理学徒制成为防止竞争、垄断行业的方式和手段。行会学徒制时期有时人评论："中国素来以农业立国，向以工商二业为下等阶级。其于商人训练之法，以收集学徒为唯一门径。故商业教育，遂不为士林所论列。"④不为"士林"所列的"商业教育"广泛存在于中国社会，据史料记载："商事尚无学堂，必须投入商号学习。故各种商号，皆收徒弟。"⑤行会学徒制时期，行会组织的数量开始不断增加，维护行业利益的功能不断增强，突破了协助政府的功能局限，行会制度更趋完善。此阶段的行会组织逐渐介入学徒培训，将参与学徒制管

---

① 汪士信：《我国手工业行会的产生、性质及其作用》，见《中国社会科学院经济研究所集刊》（二），中国社会科学出版社 1981 年版，第 223 页。

② 朱春秋：《行业协会参与职业教育保障机制研究》，硕士学位论文，沈阳师范大学，2011 年。

③ 米靖：《中国职业教育史研究》，上海教育出版社 2009 年版，第 117 页。

④ 赵靖：《穆藕初文集》，北京大学出版社 1995 年版，第 201 页。

⑤ 彭泽益：《中国近代工商行会史料集（上册）》，中华书局 1995 年版，第 527 页。

理作为其防止竞争以及垄断行业的手段。行会对学徒的入徒、学习以及出徒的全过程均制定了严格的规定。

首先，关于学徒入徒方面，有严格的入门考察程序。如任何人想进入晋商商号当学徒进行学习，都需要有名望、有信誉的人进行保举，同时要求学徒的家庭背景基本无异议，有时还会考察学徒的年龄、能力以及仪态等方面。有些行会要求，各店在收徒之日，店作必须缴费。嘉庆年间，长沙制香业的行规规定"进师之日，应上钱一串五百文入帮，即交值年入收管存会。倘有不遵者，罚戏一台敬神"。① 乾隆年间的长波衬铺业的行规规定："店内带徒弟，出钱八百文入公，一日交清，违者议罚。"吴县蜡纸业规定："作伙每人每月捐钱五十文，以资善举，必须捐至钱十二千文，方许收徒一人。"② 有时行会也会为了避免竞争，在一定时期控制培训学徒数量与时间，甚至禁止招收学徒。1848 年（道光二十八年）的北京糖饼行行规规定，"暂行停止（收）徒弟五年"。1854年（咸丰四年）规定，"自新正月初一起，（停）止收徒弟三年"，"如要各家不到三年后收徒弟者，合行诸位伙友，立罚柜上掌柜神戏一台"，三年期满，"各家炉户收徒弟一名，徒弟家纳银三两"。③ 1794 年的《武汉天平（石木）同业行规》规定"收徒弟，三年以后再招"，"铺内作坊，只准一名，不许多招"，均是为了避免出现过分的岗位竞争现象。

其次，关于学徒学习、生活方面，进行严格的培养。如晋商，学徒

---

① 彭泽益:《中国近代手工业史资料·第二卷》，三联书店 1957 年版，第 35 页。

② 李华:《明清以来北京工商会馆碑刻选编》，文物出版社 1980 年版，第 103 页。

③ 李华:《明清以来的工商业行会》，《历史研究》1978 年第 4 期，第 78 页。

通过严格考察后，要挑选一个好日子让其入号，名曰"请进"。在工作过程中对其进行严格培养，规范学徒的日常生活礼仪；对学徒进行商业基本技能训练；培养学徒的专业技能；进行职业道德教育等。① 清朝行会规定金银玉工、竹工、泥工等的学徒通常"三年为满"，"如遇年轻者，四年为满"，个别工种甚至学习时长会延长到五至七年。

最后，关于出徒方面，实行出班考核制度。学徒必须学习期满方可出徒，否则不能进行从业。嘉庆年间的长沙制香业、京刀业、裱糊业、木业等制定的行规规定"一议徒弟进师，三年为满，出一进一"。② 苏州蜡扦业规定的期限比较长，"六年准收一徒"；武岗铜店业规定的稍短一些，"两年半带徒弟一名"；长沙靴帽业规定的期限更短一些，"一年半"为满。湖南长沙衬铺条规规定："店家带徒弟，三年为满，设席出师，倘年限未满，同行不得雇请，如有请者，罚戏一台。"③ 道光十一年（1831），长沙明瓦店业行规规定，"外行入帮，均要学习三载，香钱酒章均照旧章，如未学习手艺者，均不许入帮"，④ 学徒满师之后，晋商企业的学徒出班不仅需要掌握良好的商业技能，还需要经过种种业务实践和道德考验⑤。最终需要经过一定的仪式，结束学徒生涯，上升到高一级的层次当师傅，并在满足行会制度规定的条件下才能自己开店。从学

---

① 刘晓：《我国学徒制发展的历史考略》，《职业技术教育》2011 年第 9 期。
② 彭泽益：《中国近代手工业史资料·第二卷》，三联书店 1957 年版，第 35 页。
③ 彭泽益：《中国工商行会史料集（上册）》，中华书局 1995 年版，第 350 页。
④ 彭泽益：《中国工商行会史料集（上册）》，中华书局 1995 年版，第 406 页。
⑤ 殷俊玲：《晋商学徒制习俗礼仪初考》，《山西大学学报（哲学社会科学版）》2005 年第 1 期，第 73—77 页。

徒、工匠到师傅均存在人身、技能依附，即使"出师"后另立门户，也会受到行会商会的限制，从而保持一定程度的行业依附性。[①]

在行会学徒制时期，行会组织的数量开始不断增加的同时其维护行业利益的功能也不断增强，各行会突破了协助政府的功能局限，不仅具有经济管理权力，而且拥有社会管理权，此阶段的行会组织逐渐介入学徒教育，将参与学徒入学、培养、出班考核等管理作为垄断行业、防止竞争的手段，打破了"子承父业"的狭隘，促进了我国职业教育的前进与发展。但是鸦片战争之后，原有的"非制度化"和"非规范化"的艺徒制无论在数量还是质量上均无法适应、满足生产和管理的需求，迫切需要快速发展我国职业教育。

三、国家与行会共同参与学徒教育阶段

中国历史进入现代后，随着传统行会的解体及西方各国在中国的开埠通商，近代行会制度逐步确立。[②] 到了晚清时期，我国的经济环境和社会制度条件都发生了变化，这些改变对传统行会产生了重要的影响，进而促进了传统行会的逐步解体与转型。随着行会不断增强的自发性，促使商户自愿发起的行会也逐渐增多。如天津商务总会入会数由 1905 年的 581 家 32 行，增至 1906 年的 713 家 38 行，到 1911 年共有 64 行。1915

---

① 朱国华等：《中国特色现代学徒制的问题导向、三大核心关系及制度设计》，《成人教育》2020 年第 10 期。

② 景朝阳：《中国行业协会商会发展报告》，社会科学文献出版社 2014 年版，第 16 页。

年全国商会总数达到 1242 个，成员超过 24.5 万人。同时政府通过制定相应的法律法规（详见表 3—1），加强对行业协会的规范和监督管理。规制行业组织发展的同时，通过法律途径将行业协会的治理纳入政府的制度化、法律化的管理体系，政府行政和法律的认可和支持使得行业协会逐渐取得了较为完整的"合法"身份，基本脱离了"帮派"身份，以法律形式得以制度化和规范化，行业组织的发展由此进入了一个高潮期。

表 3—1　规范和监督管理行业协会的文件

时间	法律文件
1903 年	《奏定商会简明章程》：我国第一部规范商会的法律
1906 年	《商部工会章程》和《商部劝办商会谕帖》
1915 年	《商会法》
1927 年	《工商同业工会规则》

随着工商业被社会普遍认可和尊重，现代意义的行业协会初步形成，我国也开始出现了名为商会和同业工会的新兴行业组织，同时，很多行会也先后加入商会。在新的组织原则和功能导向下，传统行会转化为具有现代行业协会性质的同业工会或同业商会，并形成以行业协会为中心的行业性和区域性整合，亲缘组织、地缘组织和业缘组织出现了时间上的交叉并存与组织功能上的相互重叠。① 现代意义行业协会的初步形成，使其在工商业和政府之间搭起了制度化的桥梁和纽带，除了延续历史执行一些公共职能，对外代表全行业参与商业活动争取利益，对

---

① 赵向莉：《我国行业协会的功能问题——从企业信誉缺失角度出发》，西安交通大学出版社 2017 年版。

内为会员提供信息技术培训等诸多服务外，还具有了当时更为主要的一项功能——开展同业教育。纵观我国近现代发展历程，职业教育一直与经济社会发展及增进人民福祉息息相关。从 19 世纪 60 年代到新中国成立前，职业教育的主要目标是振兴实业，为我国民族工商业的发展和早期产业工人的培养做出了积极的探索。近代以来，行会就有参与职业教育的发展。苏州铁机丝织业工会确定的职能中就有关于学徒制的内容："同业各厂艺徒学成后，由本会发给盖印凭证，由各厂自行填报，由本工会备查。"随后学徒制也得到了一定程度的发展。1902 年（光绪二十八年）我国设立了第一个既是生产单位又是培训学徒场所的官办手工工厂——北京工艺局，随后各地纷纷创办以"传习工艺，振兴实业"为宗旨的工艺局。当时的学徒教育出现了洋教习，"募致外洋外省专门工师来京，分科制造器物，教习艺徒所设各工科，多系京中未有之艺事。"教授的工艺比较新式，学徒的年限也具有灵活性，工艺局学徒教育比较发达，培养的学徒数量大幅增加，并且培养的学徒质量也得到了明显提升。该阶段的学徒制为构建具有"中国特色的学徒制"提供了实践基础。在晚清与民初时期出现了各种"实业学校"，逐步形成了准制度化的人才培养模式。该时期"练习生制"产生了，并在民国时期得到流行，形成了相当规模。1915 年，练习生制成为一种有效的新型技术型人才的培养模式，练习生制的探索是一次有益的学徒制革命，可称为中国最早的现代学徒制探索，世界上较早的现代学徒制雏形。[①] 我国著

---

① 雷前虎等：《我国学徒制的历史演变及思考》，《邢台职业技术学院学报》2016 年第 10 期。

名的近代史研究专家彭南生指出:"从学徒到练习生,不仅仅是名称的变化,而且标志着旧式学徒制度下宗法性师徒关系的废除"。[①] 此阶段的学徒制改革了我国传统的学徒教育,促进了学徒制发展。与此同时,清末民国开始,我国的行业协会商会或者同业工会就开展包括同业子弟教育和同业职业教育两个内容。苏州的云锦纱缎业工会设立的纱缎小学及上海的棉布商业同业工会开办的振华学校,通过开办同业子弟学校的方式对子弟进行教育。在同业职业教育方面,汉口银行工会开办的专门的夜校很有特色,以简易科和专修科为主要形式。简易科所学课程包括:文法读本、国文、会计原则、速记等十余门。专修科所学课程包括:国学、高级英文、财政、交易所论、国际贸易论、货币学、高深经济学、银行学、银行业会计、国际汇兑学、公司理财、工厂管理法等。[②] 综上所述,当时的行业协会、商会或者同业公会通过开办学校和补习班等形式开展职业培训教育,以提高同业从业者的素质。

该阶段的行会虽然参与了学徒职业培训,但是发挥的作用相对有限,行业协会参与职业教育力量偏弱的现象并未改变。国家仍是这一时期职业教育的主要管理者和责任主体。

---

① 彭南生:《近代学徒的社会状况及社会流动》,《近代史学刊》2006 年第 3 期。

② 赵向莉:《我国行业协会的功能问题——从企业信誉缺失角度出发》,西安交通大学出版社 2017 年版。

第四章　我国行业协会参与现代学徒制发展的现实审视

本章从新中国成立后开始分析，鉴于我国"现代学徒制"的称谓正式出现在 2011 年，因此，本部分内容按照"现代学徒制"产生前与后分成两部分进行探讨。

第一节　"现代学徒制"产生前行业协会参与学徒制发展情况

我国学者陈玉兰（2014）将中华人民共和国成立后学徒制在我国的发展分成了三个阶段：第一阶段为生产现场的学徒制，主要是新中国成立后至改革开放时期；第二阶段为学徒制向职业学校教育的过渡时期，主要是改革开放至 20 世纪 90 年代初期；第三阶段为正式学徒制的消失时期，主要是 20 世纪 90 年代中期至今。本章基本依据上述关于我国学徒制发展的阶段划分，主要梳理 1949 年至 2010 年，行业协会参与学徒制发展情况。

一、1949 年至 1978 年

由前述可知，学徒制在我国的发展有着一定的历史积淀，新中国成立后，关于"学徒制"的称谓发生了一些变化，几乎以"学徒培训"取代了"学徒制"，而后我国出现的技工学校及中等专科学校具有较典型的西方现代学徒制特征，但在我国并不称其为"学徒制"。在 1949 年新中国成立至 1978 年改革开放这段时期内，学徒培训逐渐走向边缘化。1949 年之后，身处底层的学徒迫切期望改变不受重视的现状，各大小工厂中的学徒，与旧制度、旧人员展开了各式各样的斗争，与此同时，我国政府也相继出台了多部关于学徒制的政策文件（详见表 4—1），以保障青年工人的健康和正常学习。1950 年 10 月 9 日，劳资协商会议初步通过了《机器业学徒制度通则》，随后在 10 月 16 日厂方与学徒在劳动局协调之下正式通过了《学徒通则》。[①]《学徒通则》要求厂方废除一些"封建"管理方式。12 月 10 日起，《学徒通则》开始实行。《学徒通则》推行之后，原本混乱的行业规范逐渐得到统一，学徒制度进入了一个新的发展阶段。

---

① 黄澜：《1949—1958 年工厂学徒制度研究——以上海市机电行业为例》，硕士学位论文，华东师范大学，2019 年。

表 4—1　1950 年保障青年工人的健康和学习的文件

时间	文件	主要内容
1950 年 6 月	《关于开展职工业余教育的指示》	明确为适应工业生产发展中对于技术工人的需要，各工厂企业应斟酌情形推进技术教育，在保障学徒的应有权利之上，建立一种新型的劳动关系
1950 年 9 月	《关于培养学徒问题的决议（草案)》	各地在培养学徒的工作上，一定程度仍延续了老一套的封建管理，且没有建立新社会的培养机制，如"轻视学徒、无计划、无组织性、没有专人负责的自由学习方式，缺乏严格的考工与提升制度"等
1950 年 10 月	《机器业学徒制度通则》	该通则实际上是劳资双方妥协的结果，初步满足了双方各自的部分需求

1957 年 11 月，全国人民代表大会常务委员会对学徒的学习时间和生活待遇做了较大的调整，批准了《国务院关于国营、公私合营、合作社营、个体经营的企业和事业单位的学徒的学习期限和生活补贴的暂行规定》。1966 年"文化大革命"爆发，有的企业自行缩短或变相缩短学徒期，学徒工、熟练工混淆不清。学徒期限的规定，仅为学徒工转正定级的时间界限，学徒工培训和考核无人管理的现象普遍存在，学徒培训名存实亡。

在新中国成立初期至改革开放前，我国的社会组织数量极其稀少，呈现出极其不活跃的特征。行业协会的发展势头随着不断的战争与我国社会主义计划经济体制的确立而被遏制。计划经济体制下，行业和企业失去了争取和维护自身利益的前提条件和动力，行业协会也失去了其生存和发展的基本依据和前提，导致行业协会发展缓慢，从 1953 年第一家全国性行业协会成立直到 1977 年的 25 年间，成立的全国性行业协会只有 22 个。在这样的社会经济条件和制度环境下，非政府组织的存在变得没有太大的必要。"文化大革命"开始后的很长一段时期里，行业协会在我国基本上停止了正常活动，销声匿迹，我国行业协会名存实亡。

社会主义改造成功后，全行业企业连同其内部职工都进入国家公有制范围内。厂方与学徒的关系转变为国家与学徒的关系，对学徒的管理由行业组织和工厂主转移到了人民政府手中，行业协会对学徒制的参与程度很低。在 1949 年至 1978 年期间，我国的行业协会与学徒制教育基本消失，因此该时间段内，基本不存在行业协会参与学徒制发展的问题。

二、1978 年至 1988 年

1978 年后我国职业教育与行业协会均进入了起步阶段。改革开放以后，特别是为发展职业教育制定的《中华人民共和国职业教育法》及《国务院关于加快发展现代职业教育的决定》的颁布实施，开启了我国职业教育事业改革发展新征程。在 1979 年后，我国的学徒培训制度也逐渐得到恢复和发展。国家劳动总局为促进学徒培训发展，于 1981 年5 月颁布了《关于加强和改进学徒培训工作的意见》指出：认真做好学徒培训工作，努力提高新工人的素质，是"四化"建设中的一项重要任务。对学徒的培训工作从招收学徒、签订培训合同、学徒的学习期限、培训目标、学徒所在单位开展培训工作、学徒进入工作单位后教育、考核制度以及领导与管理等做了相应的规定。但是，当时我国的学徒培训与西方工业化初期的工厂学徒制类似，并没有发展成为企业培训与学校教育有机结合的现代学徒培训制度。

十一届三中全会以后，随着我国市场经济体制的逐步建立，行业协会得到了恢复和发展。[1] 因此有学者认为，我国真正意义上的行业协会出现在 1978 年改革开放以后。[2] 为适应市场经济发展和政府职能转变的需要，中国的行业协会进入了一个全新的发展时期。随着我国大部分行业的快速发展，在 1978 年至 1995 年，我国出现了大量的行业协会，该黄金时期共成立行业协会 518 个，1992 年达到最高峰，当年共成立了 62 个行业协会。

在此期间，随着我国社会活力与创造性不断提高以及市场经济的发展和政府改革的推进，经济社会领域活动日益复杂。企业为了适应市场竞争的需要，意识到需要在行业间进行紧密的合作，而政府在从计划经济时代向市场经济时代的转型过程中，也意识到要适应经济社会形势的发展变化，绝对的政府管理不利于职业教育的改革与发展，需要将行业型的微观管理职能转移出去，国家实施放权于社会，希望通过各种组织的参与来增加社会领域的活力及自主性。随着我国政府逐步向社会和市场释放自主权，行业协会也因此获得了一定的生存空间，开始逐步得到政府的重视。为满足各行业对技能人才的需求，国务院在 1982 年提出

---

① 朱春秋：《行业协会参与职业教育保障机制研究》，硕士学位论文，沈阳师范大学，2011 年。

② 吴晓君：《脱钩背景下行业协会与政府互动关系研究——以工程建设行业中国 K 协会为例》，硕士学位论文，广西大学，2019 年，第 11 页。

了"按行业组织、按行业管理、按行业规划"的原则,允许和鼓励各行业办学。职业学校在此期间以行业为纽带和依托,实现校企合作。总体来讲,在此期间的行业协会参与学徒教育主要完成政府的各项政策与任务安排。在此阶段我国的行业协会一直未形成对学徒制强有力且统一的管理规范,未能完全掌握对职业教育发展的话语权,由此导致学徒制的制度水平一直比较低。

三、1989 年至 1999 年

我国政府在 1989 年至 1991 年的 3 年间,清理整顿了社会团体,行业协会也在清理整顿之列。在此期间,政府职能工作部门重新收回了已经赋予行业协会的权力,行业协会的活动空间逐渐减少,发展相对停滞,作用难以发挥,甚至有的行业协会被合并或撤并。行业协会再次回到了停滞不前的状态,职业学校也逐渐脱离了与行业协会的合作关系。该阶段我国学徒制的基本特点是,缺乏有效的技术理论教育技能培训,主要针对劳动密集型岗位进行训练,只是简单重复的技能操作,基本上处在大工业初期水平。当时的企业因培训成本无法收回以及"偷猎外部性"等问题的存在而不愿意开展学徒制培训。总体来讲,该阶段我国的学徒制发展水平较低,行业协会也相对分散。行业协会未能掌握职业教育发展的话语权,致使其一直以来并没有形成团体的力量而对学徒制进行强有力的统一管理,更未形成规范。1992 年,我国劳动部明确要对学徒培训进行改革,西方现代学徒制的基本属性

在我国正式的"学徒培训"中开始有所显现。在此期间，国家对于行业参与职业教育越发重视，出台了多项文件（详见表4—2）。1993年，中共十四届三中全会会议上明确提出"把行业协会从政府部门中撤离出来，代表政府行使管理职能"。行业协会进入充实整改期，政府对行业协会进行规范、约束与整顿，行业协会转移了政府的部分管理职能权限。

表4—2 行业参与职业教育文件

时间	文件	主要内容
1992年	劳动部贯彻《国务院关于大力发展职业技术教育的决定》的通知	充分依靠行业主管部门和企业，努力办好技工学校，加强就业训练、搞好学徒培训和在职工人培训，并建立、完善工人技术等级标准、考核和证书的管理体系
1993年	《中国教育改革和发展纲要》	首次提出职业技术教育主要依靠行业、企业、事业单位办学和社会各方面联合办学
1996年	《中华人民共和国职业教育法》	指出"行业组织和企业、事业组织应当依法履行实施职业教育的义务"；"政府主管部门、行业组织应当举办或者联合举办职业学校、职业培训机构，组织、协调、指导本行业的企业、事业组织举办职业学校、职业培训机构"
1998年	《关于建立和实施名师带徒制度的通知》	各地区、各行业劳动部门要高度重视，把建立和实施名师带徒制度纳入本地区、本行业高技能人才培养规划，并制定相应的配套政策，依据《名师带徒制度实施方案》，结合本地区、本行业的实施情况选择试点企业，指导其制定具体实施细则，组织试点工作，以确保这项制度的有效实施。各行业部委要做好本行业建立名师带徒制度的规划工作；并配合地方劳动部门制定相关的配套政策；同时，垂直领导的行业要制定一套具有本行业特点的名师带徒促进高技能人才培养的有效措施

综上所述，在这十年间，尤其在 20 世纪 90 年代中后期，随着我国对于行业参与职业教育越发重视，我国的行业协会在学徒制教育发展过程中的作用越发重要。到 20 世纪末，我国政府开始尝试将部分管理职能转移给行业协会，由原部委主管教育的教育司（处）与主管人事的人事司（处）转变来的行业协会开始积极参与职业教育发展，它们为相关法律决策提供咨询，参与制定国家职业标准，预测人才需求，为职业学校的专业建设及课程设置提供服务等。

四、2000 年至 2010 年

从 2000 年开始，我国的职业院校由行业办学改为政府办学，学校的管理权由行业转向教育主管部门。[①]2002 年我国工业经济领域全国性的协会只有 362 个，但是，该类行业协会成立之初并没有参与学徒制发展的主动意识，未能有效地承担职能。2002 年的《国务院关于大力推进职业教育改革与发展的决定》（国发〔2002〕16 号）中，第 5 条、第 6 条、第 8 条、第 16 条及第 22 条均涉及"行业"参与"职业教育"，指出要"深化职业教育办学体制改革，形成政府主导、依靠企业、充分发挥行业作用、社会力量积极参与的多元办学格局"。

2002 年教育部、国家经贸委、劳动和社会保障部经国务院同意，发布了《关于进一步发挥行业、企业在职业教育和培训中作用的意见》

---

① 周红利等：《人力资本理论视域的德国现代学徒制研究》，《高教探索》2014 年第 4 期。

（教职成〔2002〕15号）。该意见中详细列出行业组织参与职业教育的
具体职责，指出要充分发挥行业作用，逐步形成政府统筹、行业指导、
市场调节、企业自主开展职业教育和培训的运行机制，该文件被认为是
行业参与职业教育的纲领性文件。

　　该时期各行业协会以法律赋予权利为契机，正式开始参与本行业职
业教育发展，以解决职业教育供需不平衡的问题。从2003年开始，教
育部门与行业共同合作发展，促进职业教育得到较大发展，新一轮职业
教育的辉煌证明了产学研相结合、校企合作能有效促进职业教育发展。
2005年是大力提倡充分发挥行业参与职业教育作用的一年，发布了《教
育部关于加快发展中等职业教育的意见》《国务院关于大力发展职业教
育的决定》等多项文件，均涉及行业组织（协会）可以在国家教育方
针和政策指导下，具体开展人才需求预测、教育与培训、教育教学评
估、职业技能鉴定等诸多工作。支持和鼓励行业组织"应当"或者"可
以"举办或者联合举办职业学校和职业培训机构，形成多元格局的办学
形式。在政策引导下，高职院校也主动寻求行业协会的支持和帮助，对
接行业企业。2005年9月，由中国橡胶工业协会、山东省橡胶行业协
会和青岛高校软控股份有限公司联合创办了我国橡胶行业第一职业技术
学院——青岛橡胶轮胎工程专修学院。[①] 该学院以国际领先水平的橡胶
轮胎工程技术教育为特色，共享整合行业资源的利益，创新人才培养模
式，为橡胶轮胎行业的发展作出一定贡献。2010年，江西省新余市在

---

① 丁云霞：《协企共建橡胶轮胎行业育才"黄埔"——"行业职业教育"中国橡胶工业协
　会先行一步》，《中国橡胶》2006年第1期。

教育部支持下，作为我国第一个在区域范围内试点学徒制的城市出台了《职业教育现代学徒制试点工作方案》，在全国率先提出现代学徒制理念，成为全国职业教育改革发展的先行区。在此期间，我国政府对行业协会参与职业教育的角色、功能、模式等进行了统筹规划。2010年发布的《国家中长期教育改革和发展规划纲要（2010—2020年）》中，明确将"调动行业企业的积极性"作为至少10年内推动我国职业教育改革发展的一项重要任务。同年10月国务院印发《关于加强职业培训促进就业的意见》（国发〔2010〕36号），指出要充分发挥行业组织在职业培训工作中的作用。国家积极邀请行业协会参与职业教育，逐步建立和完善了职业教育与行业企业的对话机制。为贯彻落实文件精神，全国各地于同年多次举办行业产业与职业教育的对话活动。在此期间，我国政府对行业协会参与职业教育的角色、功能、模式等进行了统筹规划。2010年3月我国建立全国中等职业教育教学改革创新指导委员会（以下简称全指委）和由行业主管部门或行业组织牵头组建和管理的43个行业职业教育教学指导委员会（以下简称行指委），这些行指委受教育部委托，对相关行业（专业）职业教育教学工作提供专家咨询，具体包括研究、服务、指导和质量监控等多方面。随着经济体制的不断改革深化，我国的教育体制在不断发生转变，行业协会也进入全面发展的阶段。但是2011年以前的"现代学徒制"这一模式实际上只是引自西方国家的一个概念而已，并未上升到国家层面成为正式的学徒制。所以，行业协会并未真正参与到"现代学徒制"中。

第二节 "现代学徒制"产生后行业协会 参与现代学徒制发展的现实审视

一、2011 年至 2014 年

该时间段为"现代学徒制"这一名词在我国正式提出至开展第一批现代学徒制试点之前。2011 年 3 月时任教育部副部长鲁昕首次正式提出"现代学徒制"这一名词。同年,其在出席"中国职业教育与开发区创新发展"对话活动期间指出,行业组织最了解本行业信息,因此,必须充分发挥行业组织的优势,使其在指导教学、规划、人才需求、教师队伍、专业布局等多方面发挥更大的作用,以获取技术前沿、内在运作规律以及人才需求等方面的信息。从此,我国对建立、建设现代学徒制以及行业组织如何参与现代学徒制的研究不断增多。国家部委的文件中第一次涉及"现代学徒制"是 2011 年教育部颁布的《教育部关于推进高等职业教育改革创新引领职业教育科学发展的若干意见》(教职成〔2011〕12 号),该意见提出"鼓励职业学校和企业联合开展先招工、后入学的现代学徒制试点"。同年,《关于充分发挥行业指导作用推进职业教育改革发展的意见》(教职成〔2011〕6 号),对行业协会的教育职责提出了新要求,强调要大力支持行业主管部门和行业组织履行实施职业教育的职责,鼓励行业组织、企业举办职业

学校；支持行业组织开展相关职业技能竞赛活动等。随后，2012 年 1 月 6 日，原教育部副部长鲁昕在 2012 年全国教育工作会议上再次表示："鼓励有条件的地方和行业开展现代学徒制试点"。同年 1 月 20 日教育部颁布《2012 年工作要点》，提出开启现代学徒制试点工作后，教育部连续多年均将"现代学徒制"列入年度工作要点，对现代学徒制的重视程度大幅提升。此阶段现代学徒制概念已经产生，但是主要由教育部主导与牵头，政策主体相对孤立、单一。随着现代学徒制工作不断有序开展，2014 年年初，这一人才培养理念便引起了我国领导层的关注与重视，李克强总理在主持召开国务院常务会议中首次提出，"开展校企联合招生、联合培养的现代学徒制试点。"① 刘延东副总理也多次批示，应加大力度推进现代学徒制试点工作。这一标志性、历史性的提议与批示，引发国务院出台了《关于加快发展现代职业教育的决定》（国发〔2014〕19 号），该决定明确提出建设现代学徒制试点。2014 年 8 月"中国特色现代学徒制"首次出现在教育部颁布的《关于开展现代学徒制试点工作的意见》中。2014 年"教育治理体系与治理能力现代化"的改革目标，更是引发学界对于"行业协会参与现代职业教育治理"国家顶层设计的回应与思考。2014 年成为现代学徒制政策的"发布年"（详见表 4—3），我国现代学徒制试点改革开始起步。

---

① 李金：《我国现代学徒制发展的历史轨迹及未来趋向——基于政策分析的视角》，《职教论坛》2019 年第 2 期。

表 4—3 2014 年关于现代学徒制的文件

文件	相关内容
《关于加快发展现代职业教育的决定》	明确提出建设现代学徒制试点
	要通过合适的方式，将适宜行业组织承担的职责交给行业组织；行业组织要履行好发布行业人才需求、推进校企合作、参与指导教育教学以及开展质量评价等职责
《关于开展现代学徒制试点工作的意见》	支持行业协会参与中国特色现代学徒制，力求通过试点、总结、完善、推广的方式实现现代学徒制"中国化"创新发展
《国务院关于加快发展现代职业教育的决定》	我国的"现代学徒制"是立足中国国情、遵循职业教育规律的，具有中国特色的现代学徒制

2011 年起的政府文件的突出特色之一是明确"建立健全政府主导、行业指导、企业参与"的职业教育办学思想。在我国实行现代学徒制需要在保持与国际较为一致的交流氛围基础上，从职业教育的办学实际出发，走出中国教育特色之路。法律法规的规定与呼吁，不仅明确了行业协会参与职业教育发展的必要性与重要性，同时还反映出社会对于行业协会在职业教育中的角色期待，也对行业协会参与现代学徒制发展提供了政策依据。建立现代学徒制已经开始上升为国家意志，我国官方关于中国特色现代学徒制创新发展的探索已经进入了实质性开展阶段。

二、2015 年至今

（一）行业协会参与现代学徒制发展总体情况

2015 年 1 月，以教育部发布《关于开展现代学徒制试点工作的通知》

（教职成司函〔2015〕2号）为标志，我国正式启动现代学徒制试点工作。同年8月，教育部遴选了第一批共计165个现代学徒制试点单位，随后各省市也相继出台各种相关政策推进开展试点工作，我国进入了现代学徒制具体实施阶段。2017年8月23日，教育部确定第二批共计203个现代学徒制试点。一年后，教育部于2018年8月1日确定第三批194个现代学徒制试点单位。近年来，《关于开展现代学徒制试点工作的意见》《关于公布首批现代学徒制试点单位的通知》《关于做好2017年度现代学徒制试点工作的通知》等以"现代学徒制"直接命名的政策文件逐渐增多，说明有关现代学徒制的政策内容日渐微观和具体。随着现代学徒制的发展以及国家对其重视程度的不断提升，2019年12月5日发布的《中华人民共和国职业教育法修订草案（征求意见稿）》，更是明确了要推进学徒制培养。为充分发挥不同类型试点单位各自的优势，教育部分别从政府政策、行业规范、运行、管理等方面为现代学徒制的全面实施探索经验。因此确定的三批试点牵头单位共有四种类型：地区、行业协会（在现代学徒制试点工作管理平台上公布的行业试点牵头单位中第一批和第二批称为"行业协会"，第三批称为"试点行业组织"，本研究将"试点行业组织"也纳入研究范围）、企业和职业院校（包括高职院校及中职院校）。具体情况详见表4—4。

表4—4 我国现代学徒制试点单位情况

单位：个

	地区	行业协会	高职院校	中职院校	企业	试点总数
第一批	17	13	100	27	8	165

续表

	地区	行业协会	高职院校	中职院校	企业	试点总数
第二批	2	4	154	38	5	203
第三批	1	4	156	29	4	194
总计	20	21	410	94	17	562
占比（%）	3.6	3.7	73	16.7	3.0	100

从行业协会初始申请的参与情况来看，第一批 13 家、第二批和第三批均为 4 家，三批共计 21 家，占试点总数的比例为 3.7%，位列四种类型中第二位，比"地区"占比稍高一些，基本持平。

在这里需要说明，本专著研究的是：行业协会参与现代学徒制"中国化"发展的动力机制，但是鉴于在 500 多家试点单位中收集整理"参与"现代学徒制教育的行业协会的情况，难度较大，故本部分内容主要针对三批现代学徒制试点中"牵头"的 21 家行业协会为例做具体的分析。

从行业协会的具体参与情况来看，第一批试点单位中最初有 13 家行业试点牵头单位进行申报，占总体 165 家试点单位的 7.88%。2016 年 8 月 30 日，教育部职业教育与成人教育司印发《关于公布现代学徒制试点工作任务书备案结果的通知》，结果显示，被中止试点资格 1 家，为中国艺术科技研究所，其任务书备案审核不通过；中国汽车工程学会申请放弃试点资格获批。2017 年 8 月 23 日，教育部办公厅印发《关于公布第二批现代学徒制试点和第一批试点年度检查结果的通知》，同意中国建筑材料联合会及辽宁职业学院中止试点的申请。至此，第一批试点共中止 4 家单位，其中 3 家为行业试点牵头单位。最终实际参与的行业协会变为 10 家（机械工业教育发展中心、有色金属工业人才中心、中国煤炭教育协会、中国物流与采购联合会、国家康复辅具研究中心、南宁市焊接协会、中民民政职业能力建设中心、山西省煤炭工业厅、山西省旅游局及广东省旅游协会），占首批实际试点总数 161 家（中止 4 家单位）的比重为 6.21%，占比列倒数第二。2017 年 8 月 23 日，教育部办公厅按照"自愿申报、省级推荐、部级评议"的工作程序，确定第二批现代学徒制试点，较第一批数量有所增加，共 203 个。其中有中国电子信息行业联合会、中国检验检疫学会、江西省船舶工业行业协会及广东省物联网协会共 4 家行业协会参与，占总体 203 家试点单位的1.97%，占比列倒数第二。教育部于 2018 年 8 月 1 日确定第三批现代学徒制试点单位，较第二批试点单位数量略少，共有 194 个。其中有 4 家行业组织参与，分别是中国职业技术教育学会职业教育装备专业委员会、中国电器工业协会、新疆马产业职业教育联盟、河南省建设教育协会，占总体 194 家单位的 2.06%，占比并列倒数第二。

（二）我国行业协会参与现代学徒制发展的实践

从目前三批试点的运行状况来看，推进政校企行共同育人是达成共识的，并初步形成了一些共育的模式。下面总结三批试点中的行业协会（组织）参与现代学徒制发展形成的主要模式。在第一批试点的行业协会中，只有广东省旅游协会和有色金属工业人才中心两家单位一次性通过验收。第二批试点中参与的 4 家行业协会均一次性通过验收。第三批试点的行业组织中河南省建设教育协会、中国电器工业协会和新疆马产业职业教育联盟一次性通过验收。本部分内容中主要选择一次性通过验

收的行业协会（组织）试点单位中的八个为例，探讨行业协会参与现代

学徒制试点的成功模式。

1. 广东省旅游协会

（1）"四双"人才培养模式

由广东省旅游协会牵头的"广东省旅游行业《高星级饭店运营与管理》专业现代学徒制人才培养模式试点项目"，是第一批通过的现代学徒制试点。共同参与单位有两家酒店及一家职业院校。经过多年的建设，广东省旅游协会与广东省旅游职业技术学校、广州南沙大酒店及佛山皇冠假日酒店密切配合、通力合作，大胆创新，努力探索，确定了适应行业和企业发展的"广东省旅游协会现代学徒制'四双'人才培养模式"，取得了一定的成效，并顺利通过验收。"四双"人才培养模式特点总结见表4—5。

表4—5 "四双"人才培养模式特点总结

"四双"人才培养模式	
办学双主体	学校与酒店都是办学的主体，双方签订办学协议，共同参与人才培养的全过程，共同承担教学、管理、经费投入等责任
学员双身份	学员与校企双方签订培养协议，同时成为学校在校学生和酒店员工，遵守学校和酒店的管理制度，享受学校和酒店的相关待遇，并提供后续职业发展的优惠政策
教学双任务	学员既要完成文化和专业理论知识学习，也要在酒店相关部门参加岗位实践
育人双导师	学校选派骨干教师担任文化导师，酒店选拔业务骨干担任职业导师，共育行业人才

广东省旅游协会现代学徒制试点工作开展过程中，制定了一系列与现代学徒制人才培养模式相适应的管理制度，详见表4—6。

表4—6 广东省旅游协会现代学徒制试点管理制度

序号	管理制度
1	《关于设立广东省旅游协会现代学徒制试点工作机构的决定》
2	《广东省旅游协会现代学徒制试点工作实施方案》
3	《广东省旅游协会现代学徒制人才培养模式协议书（协会、学校、企业三方)》
4	《广东省旅游协会现代学徒制人才培养模式协议书（学校、企业、学生三方)》
5	《广东省旅游职业技术学校学生成长手册》
6	《南沙大酒店员工手册》
7	《佛山皇冠假日酒店员工手册》
8	《广东省旅游协会现代学徒制班教学管理制度》
9	《广东省旅游协会现代学徒制班学生管理制度》
10	《广东省旅游协会现代学徒制班企业导师选拔标准与职责》
11	《关于成立广东省旅游协会现代学徒制招生招工工作小组的通知》
12	《广东省旅游行业现代学徒制专项经费管理办法》

广东省旅游协会现代学徒制试点工作按任务书的目标与要求，逐项开展分步推进（详见表4—7），并在实施过程中不断修订和完善方案，在首次验收中基本完成了任务书中预定的各项任务，完成效果较好，顺利通过验收。

表4—7 广东省旅游协会现代学徒制试点完成的各项工作

时间	事件
2015年8月	成立"广东省旅游协会现代学徒制试点工作三级管理机构"——领导小组、专项办公室、学校或酒店工作小组
2015年9月	制订"广东省旅游协会现代学徒制试点工作实施方案"
2015年12月	举行"广东省旅游协会现代学徒制试点"启动仪式
2016年8月	协会、学校、南沙大酒店签订了三方《人才培养协议书》，明确三方育人职责

续表

时间	事件
2016 年 8 月	由协会推荐行业师资、学校选派优秀教师、企业选拔优秀管理人员承担教学任务，同时企业配备经验丰富的资深员工担任师傅，指导学生具体岗位实践工作
2016 年 8 月	协会、学校、佛山皇冠假日店签订了三方《人才培养协议书》，明确三方育人职责
2016 年 4 月	广东省旅游协会在南沙大酒店召开"2015 年广东省旅游行业现代学徒制人才培养模式推介会"
2017 年 6 月	广东酒店行业协会、广东温泉行业协会 2017 年会长联席会议推介现代学徒制
2018 年	广东酒店行业协会 2018 年会议推介现代学徒制
	广东省旅游协会会长办公会议暨 2018 春茗会推介现代学徒制
	全国旅游饭店协会秘书长会议上介绍广东省旅游行业现代学徒制试点工作
	通过广东省旅游协会网站向酒店行业推介现代学徒制和毕业生
	广东省旅游协会、广东省旅游职业技术学校、广州南沙大酒店共同组织，聘请酒店行业专家组成第三方评估小组，对 2015 级南沙大酒店现代学徒制毕业生开展质量评估

实践证明，广东省旅游行业现代学徒制的机制已初步形成，现代学徒制的制度体系也已初步构建，各方的责权明晰，得到了专家、同行和社会的认可，产生了良好的社会效应，运作机制逐渐成熟。

2. 有色金属工业人才中心

有色金属工业人才中心与山东铝业职业学院、白银矿冶职业技术学院及辽宁地质工程职业学院合作，共同探索现代学徒制人才培养模式。该现代学徒制试点工作从 2015 年 9 月开始，历时三年，全面完成目标任务，工作成效显著。在此期间有色金属行业试点进行制度创新，先后出台了一系列工作规范（详见表 4—8），提升试点工作水平。

表 4—8　工作规范

文件	主要内容
《有色金属行业现代学徒制试点人才培养协议（模板）》	督促 3 所学校与合作企业签订现代学徒制人才培养协议。规范校企协同育人工作内容
《有色金属行业现代学徒制证书制度》	把学徒制培养工作与国家职业资格证书挂钩
《有色金属行业校企协同育人成本分担建议书》	从基金模式、抵扣模式和公益模式 3 个模式中进行选择，与合作企业协商确认现代学徒制试点工作中院校教师、企业师傅劳务兑现模式，在机制上明确成本分担，确保校企合作育人落到实处
《有色金属行业校企实训基地共建管理办法》	加强校企双方实习实训场所、实习岗位的共享、共建
《有色金属行业现代学徒制企业师傅（导师）聘用制度》《有色金属行业现代学徒制企业师傅（导师）协议书》《有色金属行业现代学徒制企业师傅（导师）工作考核表》	规范试点院校双导师的选拔
《有色金属行业现代学徒制企业师傅（导师）标准（试行）》《有色金属行业现代学徒制质量监控标准（试行）》	供校企共同制定专业教学标准、课程标准、岗位标准、企业师傅标准、质量监控标准等使用
《有色金属行业现代学徒制企业资质标准》《有色金属行业现代学徒制学生注册备案制度》	探索现代学徒制教学管理制度

　　有色金属工业人才中心参与现代学徒制发展，使人才培养方案中的职业面向、人才需求、岗位分析和课程设计均根据企业类型、生产实际进行调整与设计，保证了人才培养规格与企业需求的契合；为规范校企协同育人工作内容，有色金属工业人才中心督促 3 所学校与合作企业共同签订现代学徒制人才培养协议，探索校企协同育人机制，校企联合招生招工一体化推进比较到位；试点牵头单位有色金属工业人才中心从行业角度出发制定了多项现代学徒制教学管理制度，使学徒管理各方面工作更加规范化和制度化。通过试点，有色金属行业相关院校校企合作、

教学管理、制度建设等工作均得到有效提高，院校间的相互交流得到加强，增强了行业内院校的凝聚力，在一定程度上提升了学校办学能力，提高了人才培养质量。

3. 广东省物联网协会

广东省物联网协会是第二批试点单位，试点过程中，广东省物联网协会充分发挥行业协会联系行业企业和试点院校的桥梁接口作用，推动并稳固政、行、校、企四方育人机制；积极推行具有广东地区行会特色的双主体三元制众筹班的现代学徒制人才培养模式。广东省物联网协会选择与广州轨道交通集团轨道交通和铁路专业开展现代学徒制人才培养，建立"行会学徒中心"，与广州羿创、广州合立正通和广州视声三家公司合作，探索"学校、行会、企业"三方合作的现代学徒制人才培养模式，实现招生招工一体化；面向珠三角中小型高新技术企业，积极开展工学结合高技能复合型人才培养模式的改革；与校企一道努力培养校企互聘双导师团队；建设行业跨企业人才培训中心和学校职业技能实训中心；在长期探索过程中，由协会牵头出台了具有中国行业特色的现代学徒制管理相关规定，建设了可复制推广的现代学徒教学管理平台。试点过程中广东省物联网协会以行业需求为导向，沟通校企双元育人，促进新时代高技能复合型人才培养探索取得了一定的成果。

广东省物联网协会在现代学徒制国家试点工作总结报告中计划在日后工作中，将坚持并完善具有自身行业协会特色的现代学徒制的人才培养模式和教学模式，扩大珠三角地区行业影响力。通过现代学徒中心，行业跨企业培训中心，物联网（广东）职教融合集团等实体的运作，完善、规范并标准化各项现代学徒制特色的管理制度，以便向其他地方推广，协助有需求的其他地区的行业协会和高职院校进行现代学徒制建设。响应党和国家的号召，积极参与到高职扩招任务，探索企业在职员工招工招生的学徒制人才培养新模式。为更多类型的企业，更多的岗位提供人才培养。探索中高职衔接，为合作高职提供更好的生源和更完善的教学体系。针对物联网行业高速发展和新技术、新模式的不断涌现，做好行业发展新动态和岗位需求分析，建立快速转换机制，及时为高职院校提供工学一体化任务式课程，满足行业人才需求。

4. 中国检验检测学会

中国检验检测学会（原中国检验检疫学会，2019 年 1 月经民政部批复，中国检验检疫学会更名为中国检验检测学会）是第二批现代学徒制试点。在试点项目推进建设的过程中，中国检验检测学会与常州工程职业技术学院及 SGS 通标标准技术服务有限公司等检测行业龙头企业，共同讨论优化现代学徒制试点工作具体的实施方案，确保试点项目科学有序地开展。

中国检验检测学会充分发挥行业引领和示范作用，联合中国检验检疫科学研究院、常州工程职业技术学院、中国化工教育协会、江苏质量研究中心、全国示范性高职院校、全国示范性中职院校、SGS 通标标准技术服务有限公司等单位共同发起创建全国检验检测认证职业教育集团。中国检验检测学会遵从与常州工程职业技术学院签署的战略合作框架协议，积极推进中检学会、原常州检验检疫局与学校三方共建的检验检测认证学院，大力打造"化学检验与环境检测"产教融合实训平台，检验检测认证学院校外实训基地落户常州检验检测认证产业园。主动对接国家检验检测示范集聚区（南京江宁、无锡马山、苏州工业园区、常州天宁），为现代学徒班试点项目的实施提供扎实有力的校企合作平台，充分满足了检验检测类学生的实验实训、企业实践、岗位锻炼和就业等需求。中国检验检测学会结合合作院校常州工程职业技术学院与 SGS 通标标准技术服务有限公司开展现代学徒制试点项目，研究了检验检测行业的通用技术标准和规范要求，初步形成了文稿方案，拟以行业技术标准的形式颁布。同时，充分调研各大第三方检测机构的人才需求和规格，构建不同等级的检验检测人才培养标准，积极探索"1+X"证书的研究工作，为校企联合培养行业所需人才提供了重要依据。中国检验检测学会作为第二批现代学徒制试点单位顺利通过验收。

在未来的工作中，全国检验检测职教集团计划充分发挥桥梁纽带作用，调动广大企业参与现代学徒制试点项目的积极性。以多所职业院校作为联合体，与企业开展人才培养模式探索，一方面，解决企业用工方面的需求；另一方面，解决企业的技术开发需求；校企共同参与制定教育部积极探索本行业的"1+X"证书工作，将现代学徒制试点工作中行业的通用技术标准和人才培养标准，以行业白皮书或申报团体标准的形式颁布。

5. 江西省船舶工业行业协会

江西省船舶工业行业协会为探索现代学徒制人才培养模式和管理制度、开发工作规范和实施标准，推进职业教育与产业发展深度融合，有效服务我国船舶产业转型升级和江西造船工业发展方式转变，与九江职业技术学院共同选择船舶工程技术专业作为现代学徒制试点专业，选择同方江新造船公司以及有条件、有意愿的企业共同开展现代学徒制试点。

（1）协会统筹、多元协同、产教融合

江西省船舶工业行业协会以服务江西省船舶产业升级发展为出发点，充分发挥平台优势，沟通政府，联合学校，遴选优质企业，畅通交流渠道，积极推进校企联合招生、联合培养。成立了江西省工信委航空船舶处（省船舶管理处改建）、九江市工信委、江西省船舶工业行业协会、同方江新造船厂、九江职业技术学院共同参与的"政行校企"多元协同机制（船舶工程技术专业校企合作指导委员会），为现代学徒制试点顺利、高效运行提供政策配套、组织协调、经费保障、宣传调动、协商沟通等方面强有力的保障。江西省船舶工业行业协会在学校设立专门办公驻点，专人专项定点开展校企合作，强化学校在政府职能部门、行业协会、合作企业的桥梁与纽带作用，搭建合作交流平台；制定定期开展的会商交流制度，保持学校与船厂、教师与师傅间的良好沟通，确保优秀的企业技术人员、高级技术工人真正参与到学徒制教学中来，确保校企合作长期稳定并持续深度融合。

（2）创新并优化了基于"双轨道"运行的"能力递进、定岗分级"人才培养模式

面对校招应届毕业生、企业在职员工两种不同生源特性，以及企业生产技术、产品结构、管理模式不断升级的复杂局面，校企共同设计了"双轨道"运行构架，以及"能力递进、定岗分级"人才培养模式，初

步形成了具有船舶行业特色，满足不同生源需求，适应企业升级发展的校企双元育人模式。面向船舶行业数字化设计、智能化生产、信息化管理等新技术、新工艺与新产品升级方向，依托校企定期会商平台，及时反馈行业新标准、企业生产新案例，针对现代学徒制试点的人才培养方案、课程标准、课程体系、岗位标准、评价考核等进行会诊，形成诊断意见，落实课程内容、资源、标准更新以及人才培养方案修订，持续优化人才培养制度与标准，确保现代学徒制试点人才培养质量紧跟行业转型升级发展。

（3）初步形成了一套规范化、体系化的船舶行业现代学徒制"双元"育人制度与标准

在船舶工程技术专业现代学徒制试点实施过程中，立足江西省船舶工业行业协会统筹领导，项目组深入分析了船舶行业岗位标准规范，共同制订人才培养方案、课程体系、出师与评价等人才培养标准体系，行校企三方共同签订联合培养、双向交流、联合管理、监督评价等制度体系以及多项协议，共同实施"能力递进，定岗分级"人才培养模式，落实了"双主体、双身份、双导师、双管理、双考核"的学徒制双元模式，通过系统整理、汇编与修订，初步形成了一套船舶行业现代学徒制标准与制度体系。

（4）初步建成了行业主导的现代学徒制组织与实施参照范式

江西省船舶工业行业协会为有效推进区域内高校与企业深度合作，提升高校人才培养质量与针对性，协会与学校签订合作协议，进驻学校，专人专项定点开展校企合作组织工作，搭建校企深度合作与交流平

台；协会牵头，组建省内船舶技术人才库，企业信息库，汇聚区域优势资源，协同推进试点各项工作；协会协助学校与企业，共同请报省教育厅出台基于单招的招生招工一体化政策，联合开展宣传与招生招工；协会全过程参与现代学徒制试点的各项制度与标准建立，并出台现代学徒制实施意见与评价要求，对企业准入、试点实施、学徒实践、师傅标准、项目管理、评价考核等环节进行规范化，建立一套船舶行业现代学徒制人才培养标准制度体系；在试点高质量通过国家验收的基础上，协会利用平台资源优势，立足区域船舶企业，辐射"珠三角""长三角"等造船基地，对试点成果进行宣传与推广，扩大企业试点范围和规模，逐步建立起政府引导、行业参与、社会支持船舶企业和职业院校共同育人的新局面。通过行业主导，统筹推进，船舶工程技术专业现代学徒制人才培养改革、招生招工一体化、"双导师"教学等各项工作高效落实，初步形成了以行业为主导的现代学徒制组织与实施参照范式。

6. 中国电子信息行业联合会

2017 年 6 月，以中国电子信息行业联合会为牵头单位，联合浙江安防职业技术学院、北京新大陆时代教育科技有限公司和乐清市职业中等专业学校申报了《基于"三主体""双贯穿"的物联网专业人才培养模式的探索》职业教育现代学徒制试点项目，探索基于"三主体"（新大陆科技公司、浙江安防职业技术学院、乐清职业中专）、"双贯穿"（企业培养贯穿、五年一贯制职业教育贯穿）的物联网专业人才培养模式。三主体根据教育部和省教育厅关于现代学徒制试点工作的整体部署，围绕"六个"试点要求，探索人才共育、责任共担、过程共管、师资共用、基地共建、成果共享、资金共投的"双元七共"人才培养模式，"三主体"共育"现代学徒"，"双贯穿"培养"技术工匠"，受到社会、企业、学生的一致认可，顺利通过验收。

7.河南省建设教育协会

河南省建设教育协会成立于1994年，隶属河南省住房和城乡建设厅，是经省民政厅评估认证的"5A"级中国社会组织，是第三批全国现代学徒制试点单位。在河南省建筑行业现代学徒制试点工作中，河南省建设教育协会积极发挥职能作用，统筹协会会员中现代学徒制试点单位河南工业职业技术学院、漯河职业技术学院、河南建筑职业技术学院和认同现代学徒制理念的河南四建集团股份有限公司等12家建筑业企业，选择与建筑施工现场专业人员职业岗位群对接紧密的、河南省建筑业急需的建筑工程技术专业、建筑装饰工程技术专业、工程造价专业合作，在校企"双主体"育人机制、招生招工一体化、人才培养制度和标准、校企互聘共用教师队伍和管理制度五个方面，以开发建筑行业现代学徒制实施规范和标准为主攻方向，联动探索现代学徒制专业人才培养模式和建筑业企业参与现代学徒制的有效途径。通过研究、总结与完善，基本形成用行业标准引导育人主体的建设与提高、用行业规范调节育人主体的行为与秩序、用行业评价激励育人主体的改进与提升、职业院校和建筑企业"双主体"育人、有建筑行业特色的"三元三双"现代学徒制。"三元"即协会、学校、企业，由协会牵头、校企携手共同育人，河南省建设教育协会主要负责对学校和企业的指导、协调和评价；学校主要负责学生专业知识与基本技能训练；企业主要承担学徒的岗位技能训练。"三双"即校企育人"双主体"、学生学徒"双身份"、教师师傅"双导师";河南省建设教育协会专门成立了校企合作促进部,建立由河南省建设教育协会牵头、协会会员职业院校和重点建筑企业参加的现代学徒制联席会议制度,明晰会议议事、决策规则,建立联席会议管理规定,使联席会议成为现代学徒制工作运转协调中心;河南省建设教育协会采用先招生再招工的方式,共同参与招生招工过程;按照"合作共赢、职资共担"的原则,结合技术技能人才成长规律和工作岗位的实际需要,行、企、校三方共同制订了现代学徒制人才培养方案,构建了试点专业基于典型工作过程的专业课程体系,强化了工学交替人才培养,大大提高了学生的专业技能水平,实施"六学期、三交替"的"三元三双"工学结合教学组织形式,深化了校企合作、工学结合,人才培养质量得到了大大提高。作为牵头单位,河南省建设教育协会统筹协调,科学布局,充分发挥自身的优势,及时搭建沟通、交流的平台,不遗余力地推动试点工作扎实做好各项服务工作,并会同企业、院校一起深入研究、积极探索、勇于实践,使现代学徒制成为产教融合、校企合作培养技能人才的重要途径,为全省住房和城乡建设行业培养优秀人才作出了一定的贡献。

8.新疆马产业职业教育联盟

2017 年,新疆农业职业技术学院现代马产业技术专业牵头成立新疆马产业职业教育联盟,与合作企业成立校企合作理事会,将疆内开办马业专业院校和马业企业共同纳入合力培养马业技术技能人才的资源共享平台,落实自治区人民政府《关于大力发展现代马产业的实施意见》,

通过培养全国紧缺的马业技术技能人才助力自治区马产业发展。新疆马产业职教联盟申报现代马产业技术技能人才现代学徒制试点，2018年8月通过评审，被确定为第三批全国现代学徒制试点专业。在开展学徒制教育过程中，根据现代马产业技术特点和行业特点，成立现代学徒制执行委员会。通过形成企业与职业院校联合开展现代学徒制的长效机制，提升企业对"双主体"下现代学徒制培养共同投入的认识，加深校企合作深度。依据学徒制培养需要，基于行业企业岗位人才需求规格、核心能力及岗位晋升要求，校企共同制定现代马产业技术专业学徒制岗位标准体系。构建了适合现代学徒制的"模块＋融合＋项目化"专业课程体系。学校组织相关企业专家和专业教师组成共同开发服务于学徒制教学的在线开放课程团队，构建网络教学资源体系，为学生提供不受时间限制的学习资源。现代马产业技术专业现代学徒制设计并实施了"校企融合、以师带徒、四阶段二层次"的人才培养模式，取得了良好的效果，并顺利通过验收。[①]

（三）行业协会参与现代学徒制发展的现实思考

1.行业协会参与现代学徒制发展过程中取得的成绩

（1）行业协会参与学徒制发展的实效性不断提升

从行业协会参与现代学徒制验收结果来看，2018年12月对第一批161家试点单位进行验收，其中一次性通过验收的有124家，暂缓通过

---

① 　赵玮：《现代学徒制中利益相关者收益分配机制研究》，中国财富出版社2020年版，第9页。

验收的有 32 家，延期验收的有 2 家，未通过验收的有 3 家。首批试点单位中实际参与的 10 家行业协会中仅有色金属工业人才中心与广东省旅游协会 2 家单位直接通过验收。具体验收情况详见表 4—9。

表 4—9　第一批行业协会试点验收情况

单位：%

验收结果	试点行业协会	占实际参与的行业协会试点单位总数比率
通过	有色金属工业人才中心	20
	广东省旅游协会	
暂缓通过	机械工业教育发展中心	50
	中国煤炭教育协会	
	中国物流与采购联合会	
	中民民政职业能力建设中心	
	山西省煤炭工业厅	
延期	南宁市焊接协会	10
不通过	国家康复辅具研究中心	20
	山西省旅游局	

　　第一批现代学徒制试点单位整体一次性验收通过率为 77.2%，而行业协会试点单位一次性通过验收的数量占试点单位总数的比率仅为 1.24%，行业协会试点单位一次性通过验收的数量占行业协会试点单位总数的比率为 20%，暂缓通过的行业协会试点单位占行业协会总数的比例最高，达到 50%。由此可见，行业协会参与现代学徒制的实效性较低，参与活动具有短期化、形式化、碎片化的特征，没有将现代学徒制试点工作真正落到实处。需要及时总结经验，进一步深化试点改革，学习先进典型，尽早通过验收。2019 年教育部第二次组织专家对现代

学徒制第二批试点单位、第一批延期验收和暂缓通过的试点单位进行验收，其中，行业组织在总结经验的基础上，第一批暂缓通过的 5 家行业协会以及延期的南宁市焊接协会全部通过验收；第二批的 4 家行业协会亦全部通过验收，通过率 100%，高于第二批一次性验收的整体通过率（97.9%）。由此可见，行业协会试点单位第二批验收通过率明显高出第一批，参与的实效性得到了提升。教育部职业教育与成人教育司组织专家对现代学徒制第三批试点单位、第二批延期验收和暂缓通过的试点单位进行了验收，经过会议审议、实地考察以及复核，2021 年 9 月 30 日，公布了现代学徒制第三批试点验收结果，确定 178 家通过验收、13 家暂缓通过验收、5 家不通过验收，同意 2 家放弃试点。其中第三批试点的行业组织中河南省建设教育协会、中国电器工业协会和新疆马产业职业教育联盟一次性通过验收。

（2）行业协会在现代学徒制中的作用日渐突出

我国政府不断加大行业协会参与职业教育的支持力度，行业协会在职业教育中的作用也日渐突出。尤其是中共中央办公厅、国务院办公厅在 2015 年 7 月发布《行业协会商会与行政机关脱钩总体方案》后，部分行业协会及时走上了组织转型之路。随着脱钩改革的不断深入，行业协会根据自治管理规章开展的管理活动更具有自主性。党和国家重大教育决策是行业协会参与现代学徒制发展的强大推动力，为行业协会参与职业教育尤其是参与现代学徒制发展提供了一定的法律依据与保障，一定程度上促进了行业协会参与现代学徒制的发展。在国家政策的支持下，行业协会在职业教育中的作用日渐突出。各试点单位均能统一思想认识，发挥行业协会优势，搭建合作桥梁，利用跨界资源，培养急需人才。

2.行业协会参与现代学徒制发展过程中出现的问题

（1）行业协会参与率较低

综上所述，行业协会参与现代学徒制发展虽已存在，但就数量及比例而言，行业组织较职业院校这一现代学徒制试点的绝对主体的数量相去甚远。而且愿意并且有能力参与到现代学徒制教育中的行业协会在整个群体当中所占比例也很小。从人才培养的去向来看，现代学徒制教育的初衷非常明确，主要是推动行业企业全面参与人才培养过程，培养出大规模、高品质、高规格的技术技能人才，那么行业、企业在职业教育发展中理应起主导作用。然而在实际的实施过程中，仍然存在以院校为主、行业企业参与度较低的问题。从我国目前现代学徒制开展情况来看，教育部已经确定的三批现代学徒制试点单位中行业组织共计21家，而职业院校504家，详见表4—10。

表4—10　现代学徒制三批试点申报单位情况统计

上报途径	数量/家	占比/%
地区	20	3.56
行业	21	3.73
企业	17	3.02
院校	504	89.69
合计	562	100

由表4—10可见，虽然在三批试点中均有行业组织的参与，但是参与的数量远不及职业院校，而且行业协会的参与数量有所降低，由最

初的 13 家降到第三批的 4 家。目前我国开展的现代学徒制主要是以学校为主导的，与以行业为主导开展的现代学徒制还有一定的差距。总体而言，行业协会参与率较低，在个别地区表现得更为明显。以吉林省为例，现代学徒制第一批试点地区有 2 个，分别是吉林市和辽源市；试点职业院校有 3 所，分别是吉林省长春汽车工业高等专科学校、长春职业技术学院及长春市农业学校；无行业企业。第二批试点企业有 2 家，分别是吉林大药房药业股份有限公司和吉林省汽车工业贸易集团有限公司；试点职业院校有 2 所，分别是吉林省长春金融高等专科学校和吉林交通职业技术学院；无行业协会。第三批试点单位全部为职业院校，分别是吉林电子信息职业技术学院、吉林工业职业技术学院、吉林铁道职业技术学院及长春市第二中等专业学校。吉林省试点牵头单位主要是专科高职院校和中等职业学校，第一批和第二批试点中地区和企业有所涉及，但是三批试点单位均无行业协会的参与。第二批试点单位长春金融高等专科学校在验收报告中指出，在其现代学徒制建设过程中，由于没有行业协会的参与，缺乏行业标准，致使金融专业开展现代学徒制教育遇到了一些困难。由以上分析可知，虽然行业协会已参与到现代学徒制发展中，但诚然这种连接目前还主要集中在个别行业与个别院校。如果作为现代学徒制办学主体的行业企业被搁置一旁，职业院校很难培养出满足社会需求的人才，这必然会导致现代学徒制人才培养目标定位不准、毕业生质量不高及就业难等一系列问题。[1] 有院校在现代学徒制验

---

① 　刘晓：《利益相关者参与下的高等职业教育办学模式改革研究》，浙江大学出版社 2015 年版，第 46 页。

收报告中提到，试点过程中，现代学徒制项目的报到率虽然逐渐上升，但是却明显低于学院其他普通类专业的报到率，这种现象在一定程度上也说明了现代学徒制的社会认可度在下降。

（2）行业协会联育融合不深

由目前我国三批现代学徒制试点情况可知，行业协会已参与到现代学徒制发展中，但是参与程度较低，多是浅层次参与。行业协会在现代学徒的培养过程中，多是被动参与高职院校的教学管理、教学设计以及专业设置等活动，缺乏关于人才培养方案、教学、实训、课程、教材、素质培养等方面的深度探讨，行业协会学徒培养的话语权主张没有被确认，对于人才培养没有落地性措施，无法充分发挥行业协会应有的功能，行业协会参与现代学徒培养方式有流于形式迹象，参与深度与广度还有待进一步提升。当然，目前行业协会参与现代学徒制教育中，也与校企共同制定各种标准及相应管理制度，并在实施过程中不断修订和完善方案，但是多方共同研制的现代学徒制的各项相关标准融合度还不够，实施中行业协会与校企联合培养学徒基本上靠"一纸协议"维护，共同培养学徒、共享教学资源、多方教育质量评价以及互派交流教师等仍处于浅层次的合作，行业协会的参与程度有限，院校和行业协会之间的协商、协作不够充分，没有形成真正的互动，功能难以发挥，未能实现政校行企全面对接，尚未建立常态化机制。由此可见，目前虽然我国的行业协会通过与政府、企业或学校等参与现代学徒制教育发展，在一定程度上促进了校企的沟通，起到了桥梁作用，但由于依然存在流于形式的合作及浅层次参与的问题，沟通作用相对有限，故尚不能从根本上解决职业教育和社会需求脱节的问题，也不能改变现代学徒制及职业教育的大局。

（3）参与路径相对狭窄

有多少切实可行的路径可供选择，对于实现行业协会参与现代学徒制发展至关重要。如果行业协会能够找到切实有效的参与路径，往往具有强烈的参与愿望。但就目前而言，行业协会参与现代学徒制发展的路径相对狭窄。参与路径相对狭窄，主要包括以下两层含义。一是现实中既有的常规性参与路径较少。如果行业协会找不到"适合"自己的参与路径时，便会出现"参与无门"或"参与难"的问题。目前，行业协会参与现代学徒制发展的主要路径是申请成为教育部开展现代学徒制的试点牵头单位，或者与开展现代学徒制的试点单位合作，参与路径相对狭窄，在很大程度上会制约生成参与动力。二是既有参与路径"低效"。目前行业协会参与现代学徒制发展的参与路径的开拓和创新远远滞后于现代学徒制的迅速发展及行业协会参与意识的增强，致使行业协会无法有效参与现代学徒制发展。同时，现实参与路径可操作性较弱、可供行业协会选择的余地小等问题，也往往导致行业协会不愿意参与现代学徒制发展。

第五章　德国行业协会参与学徒制发展的动力分析

第一节　德国行业协会参与学徒制发展演变

行业协会在国际上，尤其在德国、美国、瑞士及英国等国家中以其可操作性、实践性的举措长久且稳固地参与着多元化职业教育治理，推动了各国职业教育的发展。在学徒制发展比较好的国家中，德国"双元制"在我国有着最为深刻的影响。在 20 世纪 80 年代我国各地建立了不少"双元制"试点，但是由于历史沿革、政策规定、文化传统、办学方式等方面的差异，"双元制"教育模式的引进，并没有达到万能良药的理想效果。由此可见，不同国家有着不同的国情，职业教育模式不能简单移植，其他国家的经验需要本土化才能达到满意的效果。因此，本章内容以德国学徒制为研究重点，力求从国际视角结合我国实际情况借鉴德国行业协会参与学徒制发展的运作经验，分析德国行业协会参与学徒制发展的动力，最终科学地、因地制宜地借鉴德国经验。

一、德国学徒制的历史演变

德国非常尊重技艺和技术人员，是世界上最早开展职业教育的国家之一，拥有"工匠王国"的美誉，堪称教育领域的"世界模板"。德国有着历史悠久且影响深远的学徒培训的传统与社会文化，极具代表性，尤其"双元制"更是享誉世界。梳理德国行会参与学徒制发展变迁历程，总结传承传统、革新现状的抉择与反思，以历史接洽现实，可以为建立具有中国特色的现代学徒制人才培养新模式、激发我国行业协会参与学徒制发展的持续动力、最终从整体上推动我国现代学徒制进一步发展提供新方向和新思路。本节将以手工业行会学徒制为起点，以历史的视角，追溯、梳理德国从行会学徒制发展到双元制的过程。

（一）手工业行会学徒制（12世纪至17世纪）

1182年的《科隆地区车旋工培训规章》是目前发现的最早关于德国作为公共制度的学徒制是从行会学徒制开始的史料证据。[①]《科隆地区车旋工培训规章》证实德国的学徒制是从中世纪早期开始的。12世纪至17世纪德国的学徒制被称为手工业行会学徒制，是当时存在的唯

---

① 石伟平：《比较职业技术教育》，华东师范大学出版社2001年版，第83页。

一职业教育形式，成为西方职业教育的开端。这一阶段的行业协会章程致力于控制生产规模和限制市场竞争，维护同业工商业者的共同利益，这与当时的经济发展和政策相适应，表现了突出的平均主义生产和市场限定性。行会学徒制度彻底打破血缘关系的束缚，当时手工业行会培养手工艺人的目的不单单是实现技艺的传承，更为重要的是手工业行会可以通过行会章程或案卷约束学徒制，从而实现控制生产规模、降低市场竞争的目的。德国的手工业生产在 12 世纪至 13 世纪，得到了显著发展。14 世纪至 15 世纪，手工业行会制度在城市手工业处于繁荣状态下，逐渐建立并发展壮大起来。16 世纪至 17 世纪德国的行会制度传统仍然极为顽强。手工业师傅训练（Meisterlehre，学徒制），既是当时唯一的职业教育形式，也是手工业行会培养手工艺人的方式。[1] 当时的行会组织众多，实行强制会籍制，制定有关学徒入行条件、学徒规模、学习内容、出师时间等行会制度与标准。

（二）行会学徒制的衰败（18 世纪至 1869 年）

随着分工升级和资本积累，以及行会力量逐渐衰弱等，德国出现了滥用学徒制的现象，致使德国政府被迫对学徒制进行政策干预。德国于 18 世纪初，出台了各种关于学徒制规范的规章法令。18 世纪是一个重商主义盛行的时代，当时的背景下，一些政治家、经济学家以及学者对学徒培训时间及质量进行批判。如 1751 年普鲁士画匠行会的从业资

---

① 关晶:《职业教育现代学徒制的比较与借鉴》，湖南师范大学出版社 2016 年版，第 44 页。

质要求中就规定：师傅的义务是用基督式的严格、理性的方式来教导学徒，对其进行科学的、密集的、彻底的教育。按此规定，学徒职业培训将是极其漫长、缺乏效率的。这引起了一些学者和政治家对传统职业教育的谴责。

1810 年，普鲁士颁布的《营业税法》废除了当时行会的妨碍正常市场竞争、阻碍生产发展的强制会籍制。18 世纪后半期开始至 19 世纪末，中世纪的学徒培训模式几乎不再存在。[①]1845 年，普鲁士发布了承认行会可以继续存在的《工商条例》，这一条例的发布使行会的垄断权又出现了全面恢复的趋势。4 年后，普鲁士地区修订了《营业条例》，建立了工匠及师傅考试的规定，并规定了学徒年限为三年，但是该法令并未取得预期效果。

（三）"双元制"的初建（1869 年至 1920 年）

中世纪时期，手工业行会创立了发达的学徒制度，形成了"双元制"职业教育的雏形。[②] 早在 1869 年颁布的《北德意志联邦工商条例》中便提出不满 18 岁的工匠和学徒有进入进修学校接受职业补习教育的义务，标志着学徒制开始滋生学校要素，由此，手工业学徒制逐渐向双元制过渡。在双元制初建时期，德国通过了一系列行业法案，规范了学徒制，

---

① Greinert, Wolf-Dietrich. Erwerbsqualifizierung jenseits des Industrialismus. Zu Geschichte und Reform des deutschen Systems der Berufsbildung [M] . Frankfurt am Main：C.A.F.B.-Verlag，2008：81.

② 石伟平：《比较职业技术教育》，华东师范大学出版社 2001 年版，第 85 页。

1869 年颁布、1871 年生效的《北德意志联邦工商条例》保留了学徒制，其中的第 115—125 条款规范了有关学徒制的规定，全面确立了经营自由制的原则。1897 年颁布的《手工业者保护法》，标志着德国手工业学徒制在工业时代的重生。[①]1908 年该法案又进行了修订，进一步提高了手工业学徒制的地位。此后德国多次用法规，规定了学徒必须在进修学校接受义务教育。1920 年，德意志帝国通过教育会议，完成了进修学校从普通教育向职业教育的角色转变，将其正式改称为"职业学校"，至此，在很长一段时间里都是彼此独立发展的两个单独系统：企业职业培训与学校职业教育被整合，并有意识地加以结构化，以校企共同培训的形式实现双轨并行，基本形成了一个有机整体。

（四）"双元制"的确立（1920 年至 1969 年）

如前所述，1920 年"双元制"的企业培训与学校职业教育的两轨已经基本形成，但在当时还未形成统一、规范的关于双元制的综合法案，因此从制度角度看，双元制仍然未得到确立。因此，一般认为，1920 年只是探索适应现代工业生产的"双元制"的起始点。1938 年 7 月 6 日，德意志科学教育与成人教育部正式颁布了《义务教育法》，为双元制在学校内的教学部分提供了法律依据。1953 年，德国通过颁布《手工业条例》，再一次确定了企业界对学徒制的职权。德国教育事业委员会于 1964 年颁布的《关于职业培训与教育事业的专家意见》（国内

---

① 关晶：《职业教育现代学徒制的比较与借鉴》，湖南师范大学出版社 2016 年版，第 47 页。

有部分学者将该文件翻译成《对历史和先进的职业培训和职业学校教育的鉴定》)[1] 中，首次正式将"职业学校与企业合作培养职业技术人才的形式"用专用语言——"双元制"这个概念确定下来。而德国双元制确立的标志，一般认为是作为德国职业教育史上重要里程碑，于 1969 年 8 月 14 日颁布的《职业教育法》。该法使双元制走上法制化道路，完成了其作为一个完整的培训体系的制度化进程。在 1920 年至 1969 年的近 50 年的动荡时期，德国双元制经历了"从大工业前那种松散的、不统一的企业与学校独立发展，向较现代化的和结构越来越明晰、合理的方向发展阶段"。[2] 手工业行业协会培训顾问卡·贝格曼认为，由于"双元制"的"一元"是企业，也就是实际的生产过程，这使"双元制"职业教育具有能够应对无论是科学技术发展还是社会变革等任何方面变化的优势，这种职业教育能够保证对新技术迅速作出反应。"双元制"是德国经济发展的重要支柱。

（五）"双元制"的发展（1969 年至今）

"双元制"是以学校为基础的通才教育和以企业为基础的实践训练相结合的教育形式，经常被视作学徒制的"黄金标准"，是学徒制甚至职业教育的"典范"。[3]"双元制"是德国多种职业教育形式中典型的行

---

[1]　周红利等：《人力资本理论视域的德国现代学徒制研究》，《高教探索》2014 年第 4 期。

[2]　国家教委职业技术教育中心研究所：《历史与现状：德国双元制职业教育》，经济科学出版社 1998 年版，第 5 页。

[3]　张勇等：《职业教育中的学徒制：英国与德国之比较》，《江苏高教》2015 年第 1 期。

业、企业主导型的教育，行业、企业在其中的参与程度超过其他任何一种职业教育形式。德国的双元制职业教育模式在我国也有着较为深刻的影响。20世纪70年代，德国劳动力市场严重缺乏实践运用能力强的高层次人才，在此背景下德国教育体系发生了一项重大改革——职业学院作为高校中的一种特殊类型成立了。查贝克认为，职业学院的成立是为了弥补高等教育资源类型无法满足各类人群需要的缺憾，而非高等教育资源不够用。他认为，职业学院是为双元制培养的毕业生设置的，是为其提供接受高等教育机会的机构。因此，德国将位于中等职业教育阶段的双元制原则应用于高等教育阶段，实现了职业教育向高端偏移。20世纪80年代后，德国对双元制职业教育不断进行修改和调整。1981年联邦议院通过了《联邦职业教育法》的配套法——《职业培训促进法》，进一步促进双元制的发展。1990年两德统一后，双元制职业教育进入了一个新的发展时期，民主德国的职业教育仿照联邦德国进行改革。2004年7月，德国联邦政府为更好地适应经济全球化，制定《职业教育改革法》，决定将已颁布的《职业教育促进法》和《职业教育法》合并制定为新《联邦职业教育法》。经过充分的酝酿，最终于2005年4月1日新《联邦职业教育法》生效。[①] 并于2007年，对新《联邦职业教育法》进行了修订。从1997年到2007年德国的学徒完成率一直维持在75%—80%。[②]

近年来，德国双元制发生了一些变化，联邦统计局和联邦劳工局

---

① Berufsbildungsgesetz（BBiG）.Bunderministerium fuer Bildung und Forschung，2007.

② 张勇等：《职业教育中的学徒制：英国与德国之比较》，《江苏高教》2015年第1期。

曾公布的数据显示：2015年接受双元制教育的人数达到51.6万人，有约52万个工作岗位，是自1996年以来的空闲岗位历史新高。[①]2015年9月30日新签培训合同数为5.22万个，较上一年有所下降。从2005年至2015年的十年，德国双元制的教育职业从近340个减少到328个。2016年，德国全境不同职业学徒人数最多的前20个职业新增合同数28.19万，详见表5—1。

表5—1　2016年德国全境不同职业学徒新生的合同数

排名	职业	数量（人）
1	管理文秘	28656
2	零售	25191
3	售货员	23850
4	机动车机电一体化	21465
5	工业营销	17934
6	医学专业职员	15822
7	批发与外贸	14463
8	电子技术	13290
9	牙医专业职员	12780
10	工业机械	12714
11	信息技术	12093
12	水电及暖气与空调安装	11679
13	美发	10950
14	仓储物流	10317
15	酒店服务	9468
16	金融服务	9435
17	烹饪	9144
18	机电一体化	7959

---

① Federal Ministry of Education and Research. Report on Vocational Education and Training 2015.

排名	职业	数量（人）
19	细木工	7731
20	食品手工业销售	6918

德国职业教育有近一半的新生选择双元制学习。学徒新生最多的三个职业依次是管理文秘、零售、售货员，都属于服务业。

2017 年 4 月，德国联邦政府发布《2017 年职业教育报告》。该报告强调，双元制职业教育是保持和增强德国经济竞争力和创新力的支柱，也是社会稳定团结和谐的核心；双元制职业教育一如既往是德国专业人才保障的支柱。德国联邦职教所于 2017 年 4 月发布的《2017 年职业教育报告的数据报告》强调，双元制职业教育是德国作为经济强国的创新力和竞争力的根本保障。

近年来德国又不断更新关于学徒的管理，2019 年德国联邦政府通过《职业教育法修订案》，明确提出要加强双元制学习者的生活待遇保障。具体来说，从 2020 年到 2023 年，双元制职业教育最低起薪点将逐年提高。2020 年新入学者职业教育最低薪酬为 515 欧元，随后各年分别为 550 欧元、585 欧元和 620 欧元。从 2024 年起，将根据每年各年级职业教育报酬的平均水平进行适当调整。[1] 德国双元制服务于当前多元发展的国际大背景，具有本土性、国际性、创新性与复合性，仍在不断丰富完善的过程中，未来也许会拥有更多发展的可能性。[2]

---

[1] 刘立新：《德国联邦政府通过〈职业教育法修订案〉》，《世界教育信息》2019 年第 13 期。
[2] 焦健等：《从传统到现代：西方学徒制发展的历史变迁与现实价值》，《当代职业教育》2018 年第 2 期。

二、德国行会发展历史

德国行会兴起的确切历史从未被详细记录。有观点认为，德国的行会起源于卡洛林王朝（751 年至 899 年）的苦役场中。行会在那里产生的主要原因是由于当时对手工业专业化的需要，由此，职业手工业者取代了家庭手工业者，重新延续了古老日耳曼民族的结盟传统。[①] 手工业行会由此诞生。行会的成立，是手工业者艰苦斗争的结果。行会成为手工业者争取政治权利的手段和途径。格来纳特认为，行会的产生与城市化进程密不可分。在城市化进程中，城市公民及手工业阶层形成了特殊的组织形式，即为行会。行会的成立是手工业者与城市新贵之间艰苦曲折斗争的成果，以期在政治上谋得一席之地。据记载，德国最古老的行会是 1106 年沃姆斯的贩鱼者行会。[②] 德国行会开始蓬勃发展是在 1300 年之后，14 世纪时期德国的行会组织已经相当强大，当时也被称为行会的世纪。到 14—15 世纪，德国各城市已经建立了数量众多的行会，如法兰克福有 137 个行会，纽伦堡有 96 个，里加有 90 个，汉堡有 114 个，吕贝克有 129 个。[③] 在中世纪，行会的功能几乎覆盖了个人生活的各个方面。虽然在法律层面上没有明确的规定，但是当时行会的功能已经极其强大。自 15 世纪以来，几乎所有的职业都属于某一个行会或者

---

① Lütge，F.Deutsche *Sozial-und Wirtschaftsgeschichte*[M]．3.Auflage.Berlin，1976：pp.110.
② 高德步等：《世纪经济史》，中国人民大学出版社 2001 年版，第 143 页。
③ 高德步等：《世纪经济史》，中国人民大学出版社 2001 年版，第 145 页。

类似行会的组织。① 这些行会组织对会员的产品规格、生产的技术标准、销售价格、原料的来源和质量、产品数量等作出限制性的规定。总的来说，德国行会制定了最完备的立法，行会制度的基础比其他国家更牢固。德国最彻底、最坚决地实施了著名的强制会籍制，即使到了十六七世纪，行会制度的传统在德国仍然非常顽强。② 直到 1800 年，工业生产仍然完全由德国行会控制。③ 这些行业协会组织制度层面上的管理制度和措施，虽然在行业协会的发展初期保护了会员的利益，但是随着社会经济和生产力的发展，也在一定程度上制约了工商业的发展，这也反映了早期行业协会不同于现代行业协会的根本标志。由此可见，德国行会组织历史悠久、积淀深厚、发展相对成熟，普遍存在于社会的各个角落，已经形成了覆盖各地区、各行业的组织网络。

三、德国行业协会参与学徒制发展的实践

职业教育发展轨迹证明，行业协会一直是学徒职业培训的责任主体。从中世纪开始，行会及行会制度建立之初就将学徒培训看作行会的分内之事，将其纳入了管理范围，主要工作是制定一般性的管理规范，规定教学内容并进行检查和考核等，此时的行业协会成为学徒制由私人

---

① Greinert, Wolf-Dietrich. Erwerbsqualifizierung jenseits des Industrialismus.Zu Geschichte und Reform des deutschen Systems der Berufsbildung [M] .Frankfurt am Main：C.A.F.B.-Verlag，2008：28.

② 波梁斯基：《外国经济史（封建主义时代）》，三联书店 1958 年版，第 524 页。

③ 刘淑兰：《主要资本主义国家近现代经济史》，中国人民大学出版社 1987 年版，第 176 页。

性质制度向公共性质制度过渡的关键。15 世纪末至 16 世纪初期，行会将学徒制作为其控制产品及服务质量和数量的手段。从 16 世纪中叶开始，国家开始掌握学徒制的控制权，行会对学徒制的规范能力日趋瓦解。18—19 世纪，两次工业革命对行会学徒制造成了致命的打击，学徒制几乎崩溃。直到 20 世纪，当今世界学徒制的"典范"——德国"双元制"确立，行业协会又参与到学徒制建设中，主要履行政府委托的教育职责，参与职业培训过程以及教师的管理，授权招聘学徒以及监督过程实施等重要工作。德国行会参与学徒制的发展轨迹与欧洲行会参与职业教育的发展轨迹基本相同。从德国学徒制发展的历史轨迹来看，"行会的艺徒教育实开教育史上职业教育的先河"。[①] 行会是学徒制教育发展过程中不可或缺的重要参与主体之一。有关行业协会参与学徒制发展探究的关注点必然要聚焦在"学徒制"与"行业协会"同时存在的时间交叉点上。从时间来看，主要研究德国行会学徒制产生至双元制发展的这段历史。

德国的行业协会作为政府和企业之间的桥梁与纽带，历史悠久、发展成熟，被赋予了组织、管理和质量监控等重要职能，组织程度相当高。[②] 德国行会组织参与职业教育的历史悠久，从未停止过。本书通过梳理史料，认为德国行业协会参与现代学徒制的发展轨迹大致是从"全面管理"，逐渐发展为"边缘化"，再过渡到"有限参与"，最终演变为"共同参与"，一定程度上证明行业协会一直是学徒职业培训的主

---

① 戴本博：《外国教育史（上）》，人民教育出版社 1989 年版，第 238 页。
② 刘晓梅：《行业协会参与职业教育产教深度融合研究》，《教育与职业》2018 年第 9 期。

要参与主体。

（一）全面管理

全面管理阶段主要集中在行会学徒制时期。早在 11 世纪行会就对学徒作出了明确的规定。[①] 德国学徒制是依存于行会组织而存在和发展的制度，史料记载的最早记录——1182 年的《科隆地区车旋工培训规章》证明，德国学徒制是从与中世纪盛行的行会制度紧密相连的行会学徒制开始的。手工业行会的陆续出现促使学徒制得到发展，由此可见，在德国，学徒制从兴起时便与德国的行会制度紧密联系在一起。历史上的行会学徒制时期，德国的行会扮演着重要的角色，行会演绎了与学徒制共生共存之歌。在中世纪，行会组织在德国是非常强大的。对于社会而言，行会调节着经济、政治、宗教乃至文化艺术生活。在中世纪，国家对职业教育不闻不问，在工业化进程中并未将职业教育权利收归国有，行会对职业教育拥有完全的自治权。对于手工业行会组织而言，其核心则是培养学徒和确保从业的质量。德国的学徒制遵循手工业同业协会的规章，每个作坊另有自己的实施细则。行业协会在学徒制教育中发挥着重要的作用。行会及行会制度建立之初就将学徒培训看作行会的分内之事，将其纳入了管理范围，主要工作是制定一般性的管理规范，规定教学内容并进行检查和考核等，此时的行业协会成为学徒制由私人性质制度向公共性质制度过渡的关键。力量强大、组织自治的行会组

---

① 王根顺：《高等职业技术概论》，民族出版社 2004 年版。

织承担社会管理、经济管理以及学徒培训管理的职能，全面管理学徒培训，[①] 学徒制被内化为行会组织内部的重要元素。一方面，行会依据经济与社会发展需要，以"学徒制"为抓手，将学徒制制度化，确立严格的内部流动机制与等级制度，通过合理控制本行业的家庭作坊以及师傅数量，进而限制行业内过度竞争、保护经济持续发展、促进本行业发展，使其成为"手工业行会组织的一个重要组成部分"。[②] 在德国，任何企业法人实体和纳税人都必须参加本地相应的行会，该行为具有强制性。在职业培训方面，行业协会在审查和监督培训企业资质、缩短和延长培训时间、成立职业委员会和协调委员会、负责评估等方面发挥着多方位的作用。在德国，如果企业要承担培训任务，需要经过行业协会的审查和批准。如果企业在培训青年过程中，不能使受训青年掌握必要的知识和技能，行业协会可以对培训企业处以重罚或取消培训企业的职业教育资格。另一方面，行会将学徒制纳入管辖范畴，除了承担生产技艺、技术的传承与教学、保证学徒学习到职业道德的功能外，对学徒的招收、管理以及结业均有绝对的话语权：行会组织严格控制招收学徒数量，严格管理学徒招生、训练与考核，培育从业人员的行业忠诚。具体管理内容详见表5—2。15世纪末至16世纪初期，行会借助学徒培训限制生产规模与产品及服务质量，从而确保本行业的行业信誉。

---

① 　贾旻：《行业协会参与现代职业教育治理研究》，博士学位论文，天津大学，2016年。
② 　Encyclopedia Britannica：Vol.II[M] .*Edinburgh: Encyclopedia Britannica*，1910：229.

表5—2　行会对学徒制的管理内容

内容	作用和意义
1.签订契约，规范师徒，例如要求师傅不得过度招收弟子，必须毫无保留传授技艺等；要求徒弟向师傅缴纳学习费用，不得逃跑或是改投他人等；甚至与家长签订契约，参与师徒教学，保护学徒利益等	1.西方学徒制正式诞生，由私人性质转向公共性质。 2.保障师徒双方利益，有利于学徒制的长远性与规范化发展。 3.为西方现代学徒制管理方式的确立提供重要参考价值和借鉴意义
2.行会监督考核，例如徒弟是否真的可以期满从业不能由师傅一人决定，需要行会最终的考核；师傅教授是否真的合格，行会负责定期检查等	

综上所述，此阶段行会的功能是极其强大的。行会通过联合手工业者培养新生劳动力。在德国，职业资格是企业主协会、工会、政府和行会等多方面协商的结果。[①] 当时的行会与国家的关系并非是自上而下的，行会不是国家的附属机构，而是一种代为行使国家职能的政治实体，不受国家权威主导。虽然在工业化之前，是在手工业师傅家中或作坊分散训练手工业学徒的，但是行会都以规章的形式对与学徒训练有关的事项作了具体的规定，如明确对新学徒的要求、对培训师傅的要求，以及规定学徒期长短和学徒满师考试标准等。[②] 行会很大程度上使学徒制摆脱了家庭的私人性质，整体发展更加自由、规范。行会组织不仅以内部法令或行规的形式明确规定学徒制的相关内容和行为，如明确学徒晋升制度、师徒书面契约书等，引导学徒培训有序推进，规划手工业劳动者的职业生涯发展。还参与制定与执行学徒契约普通条款，完善相关契约内

---

① 何杨勇：《德国和瑞士双元制学徒培训制度的分析与启示》，《当代职业教育》2020年第2期。

② 孙祖复等：《德国职业技术教育史》，浙江教育出版社2000年版，第4页。

容，提高学徒契约的公信力。对学徒培训实施全方位、全过程监控与管理，改变了学徒制单纯传承家庭手工技术的性质，确保学徒培训的规范化与制度化发展。

（二）边缘化

16 世纪至 18 世纪是欧洲向资本主义社会发展过渡的时期，此阶段的行会组织成为生产发展与技术进步的障碍，手工业行会逐渐衰落演变为公会，使手工业行会学徒制在经济、政治和社会等方面的不断震荡中挣扎着、变形着，逐渐瓦解，行会以及学徒制均已濒临崩溃。职业教育作为强化社会控制的工具被国家所意识，国家干预是自愿，但亦是被迫。此阶段是国家主义职业教育制度形成的时期，国家代替行会作为职业教育管理主体，行会管理学徒制因而被边缘化。

手工工场的出现、城镇的兴起以及圈地运动的发生，引发了激烈的市场竞争，学徒制的师傅们为了应对竞争，不断招收学徒或工匠，把学徒制当成雇佣廉价劳动力的便利途径，以满足对产品和劳动力的需求。学徒制的师傅们违反行会制定的学徒制管理规定的行为，大大冲击了行会对学徒制的控制，时常发生师傅与学徒的各种纠纷，扰乱了城市手工业生产秩序。在此背景下，迫切需要一个新的更权威的力量调整和规范学徒制教育。从 16 世纪中叶开始，随着国家实力逐渐增强，国家开始以立法的形式干预学徒制，对学徒制的控制权便从行会转移到了国家。德国的政治局势在 1500 年到 1800 年的 300 年间发生了很大变化，尤其是 1618 年至 1648 年的 30 年战争，使行会失去了原有的凝聚力，对专业领域和社会领域不再具有以前的组织功能，行会对学徒制的规范能力日趋瓦解。

当时受英国 1562 年颁布的《工匠学徒法》（Statute of Artificers）及 1601 年颁布的《济贫法》（Poor Law）这两个法案的影响，德国进行效仿，在 1733 年也颁布了保证行会特权的法令，试图最大限度地维护学徒制发展利益，实施由国家统一管理学徒制的政策，开创了国家监督职业教育发展的先河。普鲁士又于 1794 年在一般国家法令中对学徒制和行会作出了具体规定，同时在普鲁士地区全面推行。随着工业革命的进行，行会力量逐渐衰微，职业学校取代学徒制成为技能人才的主要培养机构，国家成为职业教育管理的重要责任主体。国家立法在监督、规范以及支撑与保障现代学徒制发展等方面起到了重要的作用。但是当时的学徒制已经不能适应和满足时代和社会发展的需求，也并不利于资本主义的进一步发展，国家干预未能力挽狂澜。从 16 世纪到 18 世纪，德国同业公会控制着手工业生产。与中世纪的行会一样，同业公会全方位监控入会合同、生产环节以及手工业道德等各方面事项。

（三）有限参与

从 18 世纪开始，德国的行会呈现出衰退的趋势，手工业行会对学徒制的控制力也逐渐变得薄弱，甚至出现滥用学徒制的情况，出现了很多社会问题。18 世纪至 19 世纪期间，中世纪学徒培训模式也几乎不再存在。18 世纪中叶，德国资本主义兴起，新兴资产阶级的代表——

国家逐渐攫取了行会的社会管理权力，行会的政治影响力以及社会地位不再如以往，学徒制管理权力也随之削弱。18世纪至19世纪，两次工业革命对行会学徒制造成了致命的打击，行会学徒制几乎崩溃，行业协会对学徒培训的控制逐渐减弱，大多数欧美国家行会的管理行为呈现出多种形态，逐渐远离职业教育或者仅在一定程度上影响职业教育，是一种相对有限地参与。进入19世纪，德国强制会籍制开始妨碍正常的市场竞争，行会制度成为政府当时需要面对的主要问题。政府在保护手工业发展与鼓励自由经济进而促进生产发展中处于抉择的两难境地。虽然当时的行会制度没有促进生产力的进一步发展，甚至起了阻碍的消极影响，然而，德国政府也并没有完全废除行会对经济的控制，对行会以及学徒制表现出在自由经济和保护主义之间摇摆不定的政策态度。1731年，卡尔六世签署通过标志着手工业自治文化结束的《帝国法规》，废除了手工行会。但是，由于各诸侯国担心发生政治局势动荡的原因，该法规并没有能够贯彻下去。1733年普鲁士政府公布法令，由国家对学徒制度实行统一管理，而后在1810年国家制定了《营业税法》，为德国行会提供了开展学徒培训的"保护伞"。1845年，普鲁士地区发布了《工商条例》，承认行会可以继续存在，使行会获得了全面恢复原来垄断权的可能。而1869年颁布的《北德联盟手工业规定》又主张取消行会限制，传统手工业培训模式解体，该规定在德国统一后适用于整个德国。总之，在此期间，政府对于行会的态度比较摇摆，行会对学徒培训的控制逐渐减弱，参与程度比较有限。

（四）多方协作、共同参与

在 1869 年至 1920 年，德国"双元制"初建，德国行会的职业教育管理主体地位得以延续。尤其是 1897 年颁布的《手工业者保护法》，以法案形式认可了建立手工业行业协会来代表和保护手工艺人利益的实践。实际上，行业协会和手工业行会垄断了手工业的职业培训考试。另外，德国的学徒制开始滋生学校要素。1869 年以后，国家对职业教育的管理不再放任，取得了管理职业教育的主导地位并积极介入，使发展职业教育上升为一种国家行为。德国多次用法规规定学徒必须在进修学校接受义务教育，但是，德国行会的职业教育管理主体地位得以延续，基本上奠定了行业协会参与现代职业教育治理的基础。[①] 德国统一后，出现了严重的经济危机。在新帝国成立之初，为了巩固根基，国家希望能够借助手工业行会的力量。在 1878 年，经济形势出现进一步恶化时，行会化的趋势得到加强。在 1878 年到 1897 年，以及 1908 年，德国推出了一系列的《手工业补充条例》，最终规定，必须具有师傅头衔才有资格成为培训学徒者。与此同时明确德国行会的主要教育职能。1870 年制定、1897 年生效的《普鲁士行会法》规定了行会负责其下属企业的学徒培训事务。1897 年颁布、1908 年修正的《手工业者保护法》，以法案形式认可了手工业行业协会在代表和保护手工艺人利益的实践中所起的作用。新建立的行业协会的主要职责详见表 5—3。

---

① 贾旻：《行业协会参与现代职业教育治理研究》，博士学位论文，天津大学，2016 年。

表 5—3　行业协会的主要职责

手工业行业协会拥有比行会更多、更高的法律权利与地位	规范学徒制
	监督和执行学徒制的规范
	向当局提供手工业的报告和信息
	编制申请，并根据这些活动撰写年度报告
	学徒制合同必须上交到行会或行业协会
手工业行会和行业协会实际上垄断了手工业的职业培训考试	为行会中非会员的学徒建立考试委员会
	建立考试决定委员会

《手工业保护法》明确了行会作为公法机构的性质。设立了对手工业的入行限制，行会因此重新获取主导职业教育领域的权利。19 世纪末，行会在特殊的经济和政治环境下得以重振和复兴。在国家的积极推动下，行会化的趋势得到加强，德国行会对职业教育的自治权利得以传承和延续。在国家的积极推动下，当时德国的手工业行业协会被赋予技能培训及技能资格认证的权力，出于行业利益考虑，工业行业协会也在努力争取该权利，到纳粹时期，工业行业协会获得了与手工业行业协会相同的对专业技术工人培训的管理与认证权力，德国的行业协会有权利对整个学徒制职业教育过程进行监督与管理。德国行会在 19 世纪末得到重振使行会对职业教育的自治权利得到传承。20 世纪初，当今世界学徒制的"典范"——德国"双元制"得到确立，实现了法制化。进入 20 世纪以来，德国职业教育便发生了许多重要事件，如 1920 年的德国全国学校大会上将进修学校正式命名为"职业学校"，它是双元制职业学校的雏形；1938 年颁布的《帝国义务教育法》将职业学校学徒教育纳入义务教育范围；尤其是 1969 年颁布《职业教育法》，确立了双元制职业教育的法律地位，使双元制完成了制度化的过程，标志着德国职业教

育进入了新的发展时期，行业协会又开始参与到学徒制建设中。

在德国职业教育双元制模式中，政府（代表大部分民众利益）、手工业行会（代表师傅利益）、工商业行会（代表企业利益）、工会（代表学徒工利益）均参与了其中的博弈。最大限度地满足多元利益相关方的诉求。① 并通过立法将协商方案提升为国家制度，增加执行中的强制性力度。行业协会又参与到学徒制建设中，主要履行政府委托的教育职责，参与职业培训过程以及教师的管理，授权招聘学徒以及监督过程实施等重要工作。以《手工业保护法》为标志，德国开始公法性质的行会和国家之间合作的新合作主义，微观层面即企业和职业学校之间的合作。《手工业保护法》是工商行会及手工业行会在德国协调性市场经济模式这一基本的经济制度之上，经过长期博弈而形成的，核心目的在于促进手工业学徒培训的发展，该法案赋予手工业协会监管和技能资格认证的准公共权力，其中第 126—132 条 "这些条款主要是和手工业培训相关的"，包括普通条款及特殊条款。"立法者将手工业学徒培训的监控和管理，包括考核等重要事务全部委托给了手工业行会。"② 为双元制这一特殊的职业教育模式奠定了基础。1969 年德国颁布了《职业教育法》，该法鲜明地体现出职业教育的承办者仍然是行会，再一次维护了行会对职业教育的自治权利，确立了行会对于职业教育的主导地位，是行会在权力斗争中又一次获胜的结果。同时，将行会在职业教育领域的自由权

---

① 徐坚：《中德职业教育合作新阶段发展对策分析——德国联邦教育与研究部〈中国战略 2015—2020〉解读》，《江苏教育》2018 年第 3 期。

② 陈莹：《论德国职业教育本质特征及其发展动力》，上海三联书店 2015 年版。

利变成了强制性的。但是当时的行会绝非是国家的下属机构，仍然保留了极大的自由空间。查贝克在《职业教育历史及其理论》一书中强调，职业教育是行会的分内之事，其可以无视国家意志，独立行使权力。行会开展职业教育，并非是在国家委托下开展的。在双元制体系中，追溯"二元"——学校和企业的上位因素，便是国家和行会之间的关系，从本质上讲，双元制职业教育的权利仍然掌握在行会手中。20 世纪 70 年代中期，行业协会在联邦政府的促进和资助下，建立了许多跨企业培训中心，满足了没有条件单独承担培训工作的中小企业对培训的需求，成为中小企业开展学徒培训的重要场所。行业协会还向跨企业培训中心提供一定的经费支持。德国 1995 年度的职业培训报告显示，在老联邦州共有 616 个跨企业职业培训中心，提供了 7.8 万个培训岗位。[①]20 世纪 70 年代末，随着德国高等专科学校规模不断扩大，出现了以双元制为特色的职业学院。国家、行业协会、学校、企业等共同参与学徒制发展，双元制成为高等职业教育的新宠，实现了高移。综上所述，在德国，行会虽然几经沉浮，但是仍然保留了其对学徒培训的影响力，并确认了"职业培训是经济界的自主责任"的原则。[②] 这种影响力一直延续到后来出现的行业协会。2004 年 6 月，德国主要的行业协会与德国联邦政府共同签订了《德国职业培训与技能人才开发国家协定》，该协

---

① 克里斯托弗·福尔：《1945 年以来的德国教育：概览与问题》，人民教育出版社 2002 年版，第 177 页。

② Greinert W.. *The German system of vocational education：history，organization，prospects*[M] ． Baden Baden：Nomos Verl.-Ges.，1994：28.

定于 2010 年又续期 4 年，主旨是就职业教育与培训展开合作，以便更好地提升双元制的吸引力，以及帮助青年顺利地从学校向双元制过渡。2007 年 7 月 9 日德国颁布了其职业教育界的最高法律《联邦职业教育法（2005）》的最后修订稿，对职业教育的各个环节做出了规定。在第三部分的第一章"主管机构、主管部门"第一节"主管机构的规定"中第 71 条明确规定职业培训的主管机关是各行业的协会，而不是德国教育的主管部门。由此可见，德国的行业协会虽然不是国家的教育行政机关，但却是"双元制"中企业教育部分的具体管理者，其将参与职业教育发展看作分内之事并积极践行，在职业教育中起着主导作用。在政府、教育机构与企业等各方配合下，德国"双元制"吸引了大量学徒，培养了大批人才。根据德国联邦教育与研究部发布的报告，2017 年德国接受"双元制"教育的学徒占比超 50%，达到 51.7%。截至 2018 年，整个德国共完成了 531414 份培训合同。截至 2018 年 3 月，得益于双元制教育体系，德国青年失业率仅为 6.1%，在欧盟是最低的。近期德国政府于 2019 年年底颁布 2020 年 1 月 1 日正式生效的《职业教育法》修订案中指出，行业协会仍是颁发职业文凭的组织。

综上所述，德国的行会在学徒制发展中起到了重要的作用，主要的职能表现为：一是协调双元制各利益主体之间的关系，确保各利益主体利益的公平性；与联邦政府、州政府以及工会通过复杂而严格的程序、共同协商确定学徒在培训中必须遵循的职业培训条例，为政府、企业、职业院校提供建议与咨询，促进政府、企业、职业院校适应现代职业教育新发展。二是认定教育企业的资格，审查管理教育合同，监督企业、职业院校参与职业教育，推动职业教育多元化发展。德国法律规定，所有企业、商会、个体经营者或工商企业界法人单位和因经营的纳税者均必须加入区域内相关行业协会，该规定带有强制性。区域内的行业协会必须下设区域职业教育委员会，主管德国"双元制"职业教育，负责学徒培养的具体实施及质量保障。三是深度参与三级管理及学校理论教育，为学校职业教育提供必要的技术咨询服务，确保职业教育发展有坚实的技术支撑。[①]制定颁布教育规章，如《职业教育法》第77条规定行业协会可依法组织培训实训教师，监督教育过程，组织实施考试，建立专业决策机构，调解仲裁教育纠纷。行业协会也有权向政府教育部门反映职业学校教学中存在的问题，并进行相应调整的交涉。[②]虽然随着时代的发展，最初的行会逐渐被同业行会和工会所取代，但时至今日，德国各行业协会在双元制职业教育的发展过程中仍发挥着重要作用。

第二节　德国行业协会参与学徒制发展的
　　　　动力分析

行业协会参与学徒制发展过程中的多种影响因素，构成了参与"动

[①] 丁红玲等：《德国行会组织参与职业教育的文化及制度保障》，《职教论坛》2018年第7期。

[②] 刘晓梅：《行业协会参与职业教育产教深度融合研究》，《教育与职业》2018年第9期。

力"。这些因素从根本上影响了行业协会参与学徒制发展的历史轨迹，决定了德国学徒制教育的发展走向，是德国行业协会参与学徒制发展的动力。笔者针对各种影响因素进行归纳，得出结论：文化、利益和政府支持的影响最为直接和重要，共同构成了德国行业协会参与学徒制发展的动力。

一、文化是行业协会参与学徒制发展的内生动力

在经济发展水平极其相似的情况下，欧洲各国却有着截然不同的职业教育模式，这一现象使职业教育研究者的目光聚焦于文化这一层面，即社会文化深刻影响着职业教育的发展，教育的目的和意义必须从文化角度进行解释。德国文化教育学派认为，社会文化是职业教育发展的原动力，是决定职业教育发展的最根本因素，我们应该从文化的历史性和独特性中寻找教育变迁的原因。正是在独特的社会文化的作用下，形成了德国独特的行业协会参与学徒制发展的逻辑。学者陈莹在其论文中指出，动力的目标往往与需求相关，德国职业教育的发展动力包括"社会需求、政治需求和文化需求"。[①] 文化是一种潜在的、非正式制度形式，强烈影响着人们的行为方式。德国文化需求是行业协会参与学徒制发展的动力。德意志民族独特的思维方式与职业文化，是发展职业教育的基础，强有力地支撑德国学徒制教育的成功运转，并决定和促进了行业协

---

① 陈莹：《"职业性"：德国职业教育本质特征之研究——兼论职业教育发展动力》，博士学位论文，华东师范大学，2012 年。

会积极参与学徒制教育。

国家主义文化、工匠文化及学徒制文化是德国行业协会参与学徒制发展的内生动力源，三大文化汇聚一体，增强了成员间的凝聚力，相得益彰，形成鲜明的特色，[①]从精神层面保证了对成员的约束与制约，促进德国行业协会参与学徒制的发展。

（一）国家主义文化

国家主义强调以国家为本位，国家的繁荣发展是个人自由幸福的前提，是一种国家利益至上的、强烈的爱国主义精神，要求个人利益服从于国家利益。德国自古就是一个有着强烈传统"虔诚爱国"情结的国家，正是这种爱国主义和民族主义精神，造就了德国国家主义价值观。国家主义在德国作为一种政治哲学观渗透到职业教育领域，职业教育致力于解决国家的现实问题，发展职业教育也成为一种国家理性。德国的国家主义文化刚劲健硕，渗透于社会政治经济文化生活的各个领域，德国近代著名的职业教育倡导者与改革家凯兴斯泰纳在 19 世纪大力提倡职业教育的国家主义理念，致力于推进国家整体利益的发展。在国家主义文化的感召下，国家利益至上的思想也植根于包括行业协会在内的社会团体的精神基因当中。作为职业教育的主要实施机构的行业协会，基于国家主义文化精神基因的作用，将自身发展与国家民族的命运紧紧联系在一起，参与学徒制发展有着强烈的国家情怀、民族精神、责任感和使命

[①] 丁红玲等：《德国行会组织参与职业教育的文化及制度保障》，《职教论坛》2018 年第 7 期。

感，对学徒制教育过程进行管理和监督，包括：分担政府事务、对教育企业资格认定、组织社会各类培训、颁布制定教育规章、协调学徒制教育中各主体之间的关系、组织实施考试、为政府提供信息与咨询、建立专业决策机构、调解仲裁教育纠纷以及监督职业教育质量等，从而捍卫其对于学徒制教育的权利，彰显强劲的社会价值。

（二）工匠文化

德国"工匠文化"历史悠久，影响广泛。德国人有着浓郁的崇尚技术的情结，形成了宝贵的工匠精神，深深地影响着职业培训的历史发展。工匠精神是工匠文化的载体，工匠精神即"技近乎艺，艺近乎道"，是德国制造发展壮大的原动力。工匠兼具高超的技艺及良好的职业素养。工匠精神与现代学徒制分别从理念和行动两个层面提升高端技术技能型人才培养质量，具有内在的统一性。在德国，有很强社会影响力的工匠是社会经济发展的坚实力量。工匠的行为理念和做事风范深深融入了崇尚职业、热爱职业、敬业爱岗的职业观，并将工匠文化携带到行会组织这一社团组织。

首先，工匠文化通过宗教伦理影响到行会组织。马丁路德在公元16世纪中叶提出"天职"这一理念，完成"天职"能获得上帝恩典。在该思想的影响下，德国人认为进行职业活动在提高自身生活水平、增加物质财富的同时，还能体现对上帝的忠诚、感恩和敬畏。工匠们视技术教育与培训工作为生命，视其为责无旁贷的天职，这一理念也影响到行会组织。德国行会组织要求其成员必须是信仰基督教的、诚实的、婚生的。通过这样的规矩保证其成员的纯洁性，从而维护其职业的不可替代性。德国的行会组织除了业缘外，还具有较强的地缘、族缘甚至血缘关系，因此，从某种程度上讲，行业协会还是一个宗族或者宗法组织。受宗教伦理的影响，行业协会认为任何职业都是上帝赋予的天命，职业教育以及学徒制是培养合格公民的理想途径，约束、感染其成员恪尽职守、勤奋严谨、积极进取是其天职。在德国的历史上，行会组织一直将职业教育视为己任，将管理学徒制视为一种珍贵的权利，并认为专业过硬是行会组织赖以生存的根基，成为其参与学徒制培养的动力。其次，工匠文化在职人性格上影响到行会组织。一直以来，德国人对职业都有敬畏精神，第二次世界大战后，社会学家将德国称为职业社会，正是源于职业原则对德国社会有着非常明显和深刻的影响。职业资格捆绑"天职"，长此以往，在德国个人融入社会的过程中，职业潜移默化地起了决定性的作用，人们逐渐养成了对待工作兢兢业业、淡泊名利的习惯。德国人自律、坚持、严谨、勤奋以及追求极致的民族性格在一定程度上也会影响到行会组织成员，一方面，行会组织为职业的专业性提供了一定的机构保障；另一方面，职业的专业性也保障了行会组织生存发展的专业地位。行会组织受职人性格的影响，致力于对个体批判力的养成以及促进人格的发展，工匠文化在职人性格上成为行会组织参与学徒制发展的动力。最后，工匠文化渗透到企业文化中从而影响到行会组织。企业是工匠精神的聚合源，工匠精神已融入企业员工的骨髓，血脉相传。德国行会组织的主要成员由各行业和企业的经营管理代表、工程师、专家及普通职员代表构成，这样聚集而成的行会组织自然也会充满追求完美、脚踏实地、严谨专注的工匠文化气息。工匠文化激发和维持着行会组织参与学徒制发展的动力。

（三）学徒制文化

学徒制文化蕴含有独特的文化和技术教育元素，是一种国家层面的重视职业、尊重工匠、技术及学徒培训的文化精神。在德国，学徒制不仅是一种学徒学习行业知识和技能的有效途径，还是一种文化经历，更是一种潜在的文化和社会结构。[①]

德国非常重视职业、尊重技术和工匠，有着规范的、严谨的、深厚的学徒制文化，学徒获得的不仅是知识和技能，更融入了潜在的文化习俗、做事方式、价值观以及道德标准等。德国尊重工匠师傅以及重视技能的文化传统，建立了师徒伦理关系，使很多人主动要求进行学徒培训，双元制的学徒培训是值得尊重的学生成长路径，年轻的学徒没有自卑感。早在中世纪，德国"师傅制"下，师傅具有很高的威望和极高的地位，并享有很多特权，吸引了大批学徒拜师学艺。德国的行业协会通过培育学徒制文化元素，产生技术与匠人的自然耦合的技术文化聚合力，成功唤醒了其参与学徒制教育的使命意识和责任担当，激发其主人翁意识，发挥其本体功能。悠久的学徒培训，深受经济界的喜爱和大力支持，使德国将职业教育视为独立于普通教育的一种特殊的义务教育类型，是与学术教育等值的教育类型。在德国不会鄙视职业教育，德国众

---

① Harris R, Deissinger T.Learning cultures for apprenticeship : a comparison of Germany and Australia[Z] .Queensland Australia : Griffith University, 2003.

多青少年选择学徒制教育，极大地肯定了职业教育的价值。学徒制文化以一种无形之力强大地推动着德国学徒培训卓有成效地开展，造就了德国学徒培训的惯性驱动，使学徒制教育得到了全世界的广泛认同和赞誉。

二、利益驱动是行业协会参与学徒制发展的核心动力

行业协会参与学徒制发展，是其社会功能与经济功能的共同扩展，其利益诉求必将发生明显改变。对行业协会参与学徒制发展的行为进行利益扶持和补偿，可激发和维持其利益需求转化参与学徒制发展与改革的持续动力。

（一）政治利益与权利

德国行业协会通过获得国家认可参与学徒制教育发展相关的规划、管理与决策等事务，获取职业教育管理的政治地位，从而提升政治权威以及提高社会公信力，实现政治利益。这种政治利益需求满足了行业协会的内在需要，刺激参与动机，从而成为动力源泉。行业协会将学徒制视为一种生产劳动制度，通过获得国家认可参与学徒制教育，维系其与国家及其代表机构政府的关系，强化其生产功能与管理功能，通过制定行规确保其职业教育管理权力，实现其政治目的。

早在12—17世纪的德国手工业行会学徒制时期，学徒制作为当时唯一的职业教育形式，其教育学徒的主要目的不单单是传承技艺，更重

要的是手工业行会通过一定的方式约束学徒制，从而实现减少市场竞争以及控制生产规模的目的。有学者通过研究发现，在德国，无论传统手工业协会或者新兴产业协会都努力争取关于技能资格认证和监管等方面的权力。他们甚至为了追求政治利益，改变了最初试图摧毁学徒制的想法。德国各行业协会在学徒制教育方面起着多方位的作用。

1. 负责学徒制教育培训合同各阶段的组织管理

行业协会内部有来自各行各业的技能专家，他们了解学生需要而且熟悉企业需求。因此，各行业协会有能力组织管理职业教育培训合同。《（德国）联邦职业教育法（BBiG）》中有关于培训合同的明确规定。如第 10 条规定，培训雇主与受培训人必须订立培训合同。① 各相关行业协会负责制定合同的标准文本，合同内容详细地规定培训性质、时间和期限、目的、报酬金额、方式、支付方式以及课程内容、解除培训合同的条件等。企业与学员签订培训合同后，由作为主管机构的行业协会备案合同签订记录。备案后，聘请培训顾问定期审查监督合同的执行情况。在德国绝大多数的职业学校都是公立的，每所职业学校都有各自侧重发展的专业，行业协会结合职业学校的专业设置和学生自主择校的意愿进行统筹安排。在行业协会和工商总会的协调下，各职业学校之间的竞争较小。德国的《劳动法》规定，在"双元制"教育培训中，行业协会负责协调职业学校和企业在教学过程中可能出现的矛盾，以及企业、学校与学生之间的关系。签约合同的主体一旦出现分歧，应先由行业协会内

---

① 姜大源等：《（德国）联邦职业教育法（BBiG）》，《中国职业技术教育》2005 年第 35 期。

设的仲裁委员会仲裁。如果仲裁未果，可由劳动法庭对争议双方进行判决。[①]

2. 负责审查与监督学徒制教育培训

《（德国）联邦职业教育法（BBiG）》第 32 条 "资格的审查监督" 中规定，主管机构要审查并确认培训场所的资格以及培训者提交的个人资格和专业资格审查均应符合必要的条件。[②] 德国工商业行会负责对企业培训机构进行资格审查、管理及日常监督。主要审查培训者及培训场所的资质，审查内容包括：企业培训计划是否合理，培训中安全措施是否准备充分，企业培训教师是否具备组织教学的能力，教师和学员之间的关系是否融洽，企业给学员安排的工作是否与培训相关，企业用于教学的设备能否满足教学的需要等。一旦审查中发现问题，对于没有对学徒造成危害并且可以进行及时补救的情况，行业协会将会责令有关培训雇主进行补救，并要求其必须在一定的时间内完成；对于未能使学徒掌握必要知识和技能的培训企业，行业协会将实行包括取消举办学徒制教育资格、罚款等在内的严厉的惩罚。

在双元制中，学徒必须遵循由联邦政府、州政府、工会以及行业协会共同协商确定的职业培训条例，职业培训条例一般需要通过严格且复杂的程序才能确定。各行业协会下设通常由 18 名成员构成的职业教育委员会，其中雇主及雇员代表各 6 名，职业学校教师 6 名。职业教育委

---

① 邓志军等：《论德国行业协会参与职业教育的途径和特点》，《中国职业技术教育》2010 年第 19 期。

② 姜大源等：《（德国）联邦职业教育法（BBiG）》，《中国职业技术教育》2005 年第 35 期。

员会负责管理的内容主要有：审核培训企业资格和企业实训教师任职资格、发布培训法规、提供培训咨询、管理职业培训合同、组织实施培训学生的考试及发放资格证书等在内的所有与职业教育有关的重要事宜。凡是涉及上述相关内容时，各参与主体均须向职业教育委员会报告，并听取、采纳其意见。

3. 提供咨询服务

行业协会监督管理培训企业的同时也能帮助培训企业解决各种培训难题，为其出谋划策。如德国的行业协会和工商总会结合职业学校的专业设置以及企业提交的资料对学员进行统筹分配，以确保各职业学校之间进行合理竞争。德国行业协会还会为企业和学徒提供包括校企合作、培训手段、培训内容、考试事宜、学徒权利和义务、学徒经济问题资助、学徒职业前景等咨询服务。[①] 在整个过程中，行业协会的行为得到了企业和学徒的认可，实现其自身利益。

4. 负责安排结业考试

德国"双元制"模式因高质量的培训在世界上享有盛誉，而高质量培训的保障又是依托于公正、规范、客观的考试考核体系。《（德国）联邦职业教育法（BBiG）》第39条规定，由行业协会建立考试委员会，负责安排结业考试。[②] 在德国，学徒须参加中期考试后才能参加结业考试。通过中期考试可以检验企业培训计划落实的程度，而且学生在学习期间的所有成绩都会显现在证书上，在给社会一个参考的同时也会督

---

① 赵志群：《职业教育与培训学习新概念》，科学出版社2003年版，第294—298页。
② 姜大源等：《（德国）联邦职业教育法（BBiG）》，《中国职业技术教育》2005年第35期。

促学生在校要好好表现，不断提高自主学习的能力，避免出现"高分低能"现象，确保学生能够获得全面的职业技能，最终成为一名合格的技术工人。"双元制"模式要求学徒毕业必须通过两类考试，采用"双证书"制度，其中第一类考试是由与培训无直接关系的行业协会组织实施的企业技能考试。行业协会专门设有考试委员会，主要考核学徒掌握企业培训的知识和技能的程度，考察其进入劳动力市场的职业能力，这使得行业协会拥有了决定学生培训结束后是否能成为一名合格技术工人的权利。第二类考试是由职业院校组织实施的包括口试和笔试两部分的理论考试。这类考试主要考核学徒掌握专业理论知识的程度，考察学生（学徒）在校期间的学业水平。如果学生初次就能顺利通过考试，便可获得由行业协会颁发的技能证书和职业学校颁发的毕业证书；如果学生未能通过初次考试，会有两次补考机会；如果学生两次补考还未能通过考试，则证明该生不适合从事该行业工作，必须转学其他职业。"双元制"考试模式强调规范统一，无论是否同一职业只要是同一科目的考试就同时进行。考试实行教考分离并偏重实践的考试考查，严肃、公平、公正、客观、统一。在行业协会、企业等社会力量的积极参与下，"双证书"制度相互协调发展，紧密联系职业教育的资格认定与劳动力市场，将企业需求反馈到学徒教育教学及资格鉴定中，既能够鞭策学校和企业严格教学，有效保证"双元制"职业教育的实践教学，不断提高培训质量，又会因为学生的成绩由第三方行业协会给出而在一定程度上给学生施加压力，确保学生具备满足企业需求的职业能力。正是这种考试的公正客观性使德国"双元制"模式具有一定的"权威性"，在世界职业教育领域享有盛誉，学徒获得的结业证书不仅在德国适用，在欧共体的一些国家也被认可。

综上所述，德国行业协会在学徒培训方面起着多方位的作用，其拥有的权利和地位，赋予了行业协会极高的社会公信力和权威，使其对学徒制教育产生非形式的、实际影响力和控制力。行业协会对政治权利、政治利益的追求成为其参与职业教育的根源与动力。

（二）经济利益

行业协会政治利益需求是建立在经济利益需求之上的，并不是孤立存在的，其获取政治利益的目的也是为了满足经济利益。行业协会所追求的主要目标是经济目标，而非政治目标，即使行业协会作出了影响政策的行为，也是为了通过影响政策而实现行业的经济利益。[①] 行业协会实际上是"代言者"和"维利者"，代表行业中所有企业根本利益与整体利益，同时维护其获得更好发展。德国行业协会从"行会学徒制"到"双元制"期间，参与学徒制教育的最初动力都是出于维护本行业经济利益的目的。行业协会通过契约履约机制，满足其会员企业的经济方面事务需求，解决、服务及保障其会员企业的利益，特别是经济利益。因此，如果放弃了追寻经济利益，那么，行业协会存在的价值将荡然无存。

---

① 景朝阳等：《中国行业协会商会发展报告》，社会科学文献出版社 2014 年版，第 3 页。

（三）公共利益

在德国，单纯的利益需求是不足以深入推动行业协会广泛地、积极主动地参与学徒制培训的。中世纪的德国，"行会不仅关注其成员的私利，而且关注'普遍的善'，这些整合的、和谐的行为作为基本的政治实体，构成了连接国家和人民的桥梁，并由此形成了一种等级化的秩序。"[1] 也就是说，行会以代国家行使职能的政治实体的身份，联合手工业者共同为社会培养新生劳动力。德国企业参与职业教育在短期内承担的净成本比瑞士和英国高，但是，德国学徒的留任率比瑞士和英国高。[2] 这说明，在经济、政治利益背后还有一些其他的、难以量化的因素促使行业协会参与职业教育。如前所述，德国行业协会参与职业教育的背后有着崇高的信念和理想起支撑作用。德国的传统文化对于行业协会的影响是很大的。信念也是行业协会参与的重要动机，德国的行业协会具有崇高的理想信念和公共精神致力于推进社会文明。在德国学徒制的观念和实践中，其必须关注于"广泛的基础职业知识以及完成一项职业活动所需要的知识和技术技能"。[3] 因此，学徒制注重教授的是某类职业所需要的技能，而不是某个企业所需要的技能。通过培养一定数量与质量的学徒维持手工业秩序的同时满足行会发展之

---

① Wiarda，Howard J.. *Corporatism and Development*.The Portuguese Experience. Massachusetts：The University of Massachusetts Press，1977：58–59.

② 冉云芳：《企业参与职业教育的成本收益分析》，博士学位论文，华东师范大学，2016 年。

③ Tremblay D.&Irène L..*The German dual apprenticeship system analysis of its evolution and present challenges*[R] .Montréal：Télé-université，Université du Québec，2003：13.

需，这在一定程度上既保证了学徒的利益，体现了职业培训和学徒个人职业生涯发展的功能，又能降低学徒沦为企业廉价劳动力的可能程度。行业协会这一社会组织在职业教育领域的特殊地位使其能够为政府决策提供咨询、承担政府委托的职能，为职业学校提供服务和监督，为教育培训管理部门和职业学校反映企业的人才需求，为企业提供所需的人才培养服务，在与各方的利益协调与沟通中，促进行业与教育界的合作，形成良好的合作关系，共同服务于技术和技能人才的培养，提高行业协会认可度的同时，实现其承担和履行社会责任的价值目标。

三、政府的有力支持是行业协会参与现代学徒制的根本动力

德国行业协会参与现代学徒培训，既有学徒传统情结、崇尚工匠精神以及刚健民族风格等深厚的文化基因，又明确规定了权利、责任和义务及职能的行业协会参与现代学徒培训的规范体系。教育发达的国家都是依法治理教育，德国尤其是典范。在德国，学徒制改革与发展一直被看作技能开发的重点内容，被视为国家战略。德国的双元制建立了宏观、中观及微观三个层面的相对完整、明晰的一套规范体系，从不同层面形成制约，为行业协会参与双元制发展营造了规范和健全的法律环境。

（一）宏观层面

宏观层面，从顶层设计的角度，德国政府深刻认识到行业协会参与职业教育发展的突出意义及重要性。因此，德国政府为行业协会参与学徒制教育提供了必要的、良好的参与支持条件，成为行业协会参与学徒制发展的重要推力。早在 1733 年，普鲁士地区便颁布了保证行会特权的法令。1810 年的《营业税法》中明确规定行会组织自由开展学徒培训的职能与功能。《德国结社法》《联邦行政法院法》中也指出行会组织具有合法性及权威性，拥有自治权。德国《改革周期法》在管制学徒制方面，赋予了行业协会组织很大的权力。1897 年德国通过了《手工业者保护法》，该保护法以法案形式认可了建议手工业行业协会来代表和保护手工艺人的利益。手工业行业协会被授予了为所有与手工业相关问题发言的权力，并且成为在行会之上的监督和决策机构，拥有比行会有更多、更高的法律权力与地位。[①]1949 年的《德国基本法》、2014 年的《团体协议自治强化法》均从法律层面对行会组织参与职业教育的权利、责任以及义务进行了明确的规定。后来 1956 年的《手工业法》及 1982 年的《劳动法》也对行会组织的权利与责任进行了划分。1969 年的《职业教育法》、2005 年的《联邦职业教育法（2005）》以及 2019 年年底正式颁布的《职业教育法》修订案，均从法律角度对各相关行会机构作为职业培训的主管机关进行了明确说明。专门法律的强制性使行业协会具

---

① 关晶：《职业教育现代学徒制的比较与借鉴》，湖南师范大学出版社 2016 年版，第 47—48 页。

有主管职业教育的真正资格的同时也肩负起了管理德国职业教育的责任，保障群体及大众的利益，造福于整个国家。

除了上述直接与行业协会参与学徒制发展相关的法律法规保障体系外，德国还颁发了有关政府、行业协会、职业院校、企业及学徒等多方利益主体参与学徒制发展、同向发力的一系列法律保障文件。详见表5—4。

表5—4　德国部分政策文件

时间	政策文件
1949 年	企业基本法
	劳资协议法
1964 年颁布 1974 年修改	社团法
1968 年	联邦各州专科学校发展协议
1969 年	职业教育法
	联邦德国解雇保护法
	职业教育和培训法案
1976 年	培训岗位促进法
	德国高等教育总法
	青年劳动保护法（修订）
	改进培训场所法
1981 年	职业教育促进法
1994 年	工商会法
2004 年	保证培训岗位供应法案
	联邦职业教育保障法

由此可见，德国已经形成了一个不断推陈出新、前后衔接的职业教育法律保障体系，从宏观上不仅有效地促进了学校与企业教育的融合，

而且推进了教育界与产业的融合。

（二）中微观层面

德国具有一套完备的包括资格审定和质量监督等在内的行业协会参与职业教育的资格制度。国家的制度和政策安排，尤其是教育政策对学徒制发展影响巨大。1869 年的《北德意志联邦工商条例》和 1969年的《职业培训规章》等从不同角度对学徒培训的目的、方式、性质、期限以及课程内容等各个方面作出规定。行业协会与联邦政府、州政府以及工会共同协商确定的具有国家性质的、全国统一的《职业培训条例》，既规定了企业和学徒必须完成的任务和应该履行的义务，也为解决学徒培训过程中的可能纠纷提供了具有法律效力的依据，为政府、企业、职业院校提供咨询与建议，促进各利益主体适应现代职业教育发展的同时，保证了双元制学徒的培养质量，得到了社会的普遍认可。《工业行为手册》进一步扩大了行业协会的权责，规定"在经过地区全体雇主代表大会同意后，自愿性行业协会组织拥有学徒工的唯一雇佣权"。2004 年 6 月，德国主要的行业协会与联邦政府签订的《德国职业培训与技能人才开发国家协定》，加强了从学校到双元制的宣传和指导，就职业教育与培训展开合作。企业参与教育，须由行业协会认定，只有通过行业协会审核的企业才能举办职业教育。上述各文件，有效地减少了合作过程中各方参与的不确定性和交易成本，使参与者能够保持高度协调、步调统一，促进学徒培养顺利推进、有效运行。

德国还建立了较为完善的教学实施方面的督导体系，规定行业协会督导企业培训、注册学徒制合同。各州文教部长联席会牵头制定指导职业学校教育的《职业培训条例》，规定了学徒应该达到的统一标准，同时还参与制定理论教学大纲，配备一整套统一的参考资料和教材，供企业进行培训之用。随着工作环境发展变化，《框架教学计划》也随之进行修订，以加强受教育者的适应性、灵活性，使其能够主动适应社会经济和技术的变革。20 世纪 80 年代到 90 年代中期，为适应员工由单一技能转向综合知识技能的需求，《框架教学计划》对基于学科体系的"学习区域"进行了改革，1997 年颁布了最终的《框架教学计划》。为引导专业教学标准适应社会发展，近年来，德国颁布了相应政策。2017 年联邦职业教育所颁布的《如何制定职业教育条例》及 2018 年各州文教部长联席会颁布的《框架教学计划编写手册》，规定了开发专业教育标准的成员构成、编写原则、工作流程、体例及内容要点。强调开发专业教学标准要注重积极承担社会责任以及灵活性、适应性的终身学习能力的培养，使受教育者主动适应社会发展。2019 年颁布的"信息技术"专业《框架教学计划》中针对完善物联网系统、按照客户要求制订计划、组装物联网元器件并运行、检查系统运行情况及反思工作流程等提出要求。总之，从中微观角度明确了合作、谈判和交易中参与者的利益期待，有利于促进各参与主体实现目标。

由于不同的国家国情不同，职业教育模式具有民族特性，所以，他国的职业教育模式、目标、计划及方法等不能简单移植、照搬。因此，有必要针对我国行业协会参与现代学徒制发展的动力进行研究，以便因地制宜、客观地借鉴国外成功经验。

第六章　我国行业协会参与现代学徒制发展动力研究

　　根据前面关于我国及德国行业协会参与现代学徒制发展情况进行分析后，本章内容主要分析我国行业协会参与现代学徒制发展的动力因素，在此基础上结合德国双元制成功的经验，分析我国行业协会参与现代学徒制发展动力不足的原因，为后续构建动力模型做准备。

第一节　动力因素分析及模型构建

　　本部分内容主要总结归纳行业协会参与现代学徒制发展的动力因素，并将其转化为统计数据，意图运用主成分分析和因子分析法对动力因素进行实证分析，寻找行业协会参与现代学徒制发展最根本的动力，以便更有针对性地提出构建行业协会参与现代学徒制"中国化"发展动力机制的对策和建议。

行业协会参与现代学徒制发展的动力因素有很多，国内学者关于此方面也进行了积极的探索，为本专著的研究提供了很多可参考的资料，但是也存在一定的不足。本部分内容在参考了众多关于行业协会参与现代学徒制发展动力（机制）文献基础上，最终从 105 篇文献中总结归纳出行业协会参与现代学徒制发展的动力因素，并将其转化为统计数据，意图运用主成分分析和因子分析法对动力因素进行实证分析，寻找行业协会参与现代学徒制发展最根本的动力因素，从而根据研究结论提出相应的对策和建议。

一、模型方法介绍

（一）模型的定义

主成分分析（Principal Component Analysis，PCA）的本质是坐标的旋转变换，将原始具有一定相关性的 n 个变量重新进行线性组合，生成的 n 个互不相关的新变量被称为"成分"。同时按照方差最大化的原则，保证第一个成分的方差最大，然后依次递减。此外，这 n 个成分是按照方差从大到小排列的，其中前 n 个成分可能就包含了原始变量的大部分方差（变异信息），那么这 n 个成分就成为原始变量的"主成分"，它们包含了原始变量的大部分信息，且每个主成分都是原始变量的线性组合。主成分分析利用线性变换的思想实现了在损失很少信息的前提下把多个指标转化为几个不相关的综合指标（主成分），从而达到简化结构抓住本质的目的。因子分析是主成分分析的扩展，其更倾向于从数据出发描述原始变量的相关关系，根据原始数据之间的结构进行重新组合，研究原始变量相关矩阵内部的依赖关系，将相关性较强的分为同一组，这样可以保证组间相关性比较弱，每一组变量就成为一个公共因子。然后将原始变量用分好的公共因子和仅对某一个变量有作用的特殊因子表示，其中，公共因子代表原始数据中具有相同特征的数据。

主成分分析和因子分析既有联系也有不同之处。首先，主成分分析和因子分析都是对原始数据进行降维处理并且提取共同特征的统计分析方法。不同之处是主成分分析通过正交变换，在最大限度上解决原始数据的多重共线性问题，根据方差最大法生成新的变量，并且赋予每个变量贡献方差的程度，在保证提取的公共因子涵盖绝大多数本质信息的前提下进行统计分析，本质上是一种线性变换。因子分析用较少的公共因子代替原始变量，试图解释原始变量之间的内在结构，从而将多变量简化。简而言之，主成分分析是将各成分表示成各原始变量的线性组合，解释原始变量的总方差，并且主成分的数量和原始数据相对应。因子分析是将原始变量表示成各因子的线性组合，解释原始变量的协方差，各因子的数量可以根据模型具体情况进行设定。

以上统计分析方法要求各个变量之间存在一定的相关性。从理论角度看，行业协会参与现代学徒制发展的动力因素之间存在一定的相关性。例如，相关法律条例不完善导致行业协会利益无法得到相应的保障，从而遏制了行业协会参与现代学徒制发展的积极性，因此可以推断主成分分析法适用于本书的研究，但也需要经过一系列的统计检验。在对行业协会参与现代学徒制教育影响因素进行特征提取的过程中，主要采取的是主成分分析模型，由于行业协会参与现代学徒制发展过程中影响因素的输入样本反映在整个教育环境中特征向量的样本值，而这些样本值又是由不同的向量所组成的，所以得到的输入样本是一组高维矩阵，使模型的运算过程大为复杂，增加了模型的运算量。所以为了提高效率便于分析，我们需要对输入样本进行降维，提取矩阵的重要特征。

（二）模型的步骤

我们采用主成分的分析方法对特征向量的特征进行提取，一般的步骤为：

第一步，对原始的特征向量因子值进行归一化处理，在实际应用中一般采用 z-score 归一化公式：

$$Z_{ij} = \frac{x_{ij} - \bar{x}_j}{s_j}$$

其中，$\bar{x}_j = \frac{1}{n}\sum_{i=1}^{n} x_{ij}$；$s_j = \sqrt{\frac{1}{n-1}\sum_{i=1}^{n}\left(x_{ij} - \bar{x}_j\right)^2}$

第二步，计算归一化后的 m 个指标的协方差矩阵。归一化指标的协方差矩阵等于其相关系数矩阵 R=（r_{ij}），r_{ij} 的计算公式为：

$$r_{ij} = \frac{s_{ij}}{\sqrt{s_{ii}}\sqrt{s_{jj}}}, \quad s_{ij} = \frac{1}{n-1}\sum_{i=1}^{n}\left(x_{ij} - \bar{x}_i\right)\left(x_{ij} - \bar{x}_j\right)$$

第三步，计算相关系数矩阵的特征根、特征向量。由于矩阵 R 为对称非负定阵，因此有 m 个特征根，$\lambda_1 \geq \lambda_2 \geq \lambda_m \geq 0$ 以及相应的 m 个

特征向量 l_1，l_2，l_k，l_m，其中 l_i＝（l_{i1}，l_{i2}，l_{ik}，l_{im}），i＝1，2，k，m。λ_1 是第 i 个主成分 γ_i 的方差，它反映了第 i 个主成分 γ_i 在描述被评价对象上所起的作用的大小。

第四步，计算各个主成分的方差贡献率 α_k 及累计方差贡献率 $\alpha(k)$。第 k 个主成分 γ_k 的方差贡献率 $a_k = \lambda_k / \sum\limits_{i=1}^{m} \lambda_i$，前个主成分 γ_1，γ_2，γ_k，的累计方差贡献率为：

$$a_{(k)} = \sum_{i=1}^{k} \lambda_i / \sum_{i=1}^{m} \lambda_i$$

第五步，选择主成分的个数，一般是使前个主成分累计方差贡献率达到一定的要求。通常要求 $\alpha(k)$ 大于 85%，由此选择 k 个主成分 γ_i，令：

$$\gamma_i = l_{i1} z_{i1} + l_{i2} z_{i2} + l_{ik} z_{ik} + l_{im} z_{im}，\ i=1，2，k，m$$

第六步，由主成分计算综合评分值。以此对被评价对象进行排序和比较。各主成分线性加权求和即得综合平均值：

$$F = \frac{\lambda_1 \gamma_1 + \lambda_2 \gamma_2 + \cdots + \lambda_k \gamma_k}{\sum\limits_{i=1}^{m} \lambda_i}$$

二、数据收集与来源

（一）数据的收集

本研究从中国知网以及万方数据库中以"行业协会"和"现代学徒

制"为关键词搜索了相关文献。通过梳理众多学者的研究观点发现，不同学者对行业协会参与现代学徒制发展的影响因素有着不同见解，但也有许多相似之处，最终根据相关结论总结出 14 条行业协会参与现代学徒制发展的动力因素，其中既包括积极的促进因素也包括消极的抑制因素。我们根据性质对影响因素进行了正负分类，具体见表 6—1。

表 6—1　行业协会参与现代学徒制发展的动力因素

	影响因素						
	性质	X_1	X_2	X_3	X_4	X_5	X_6	X_7
(1) 行业协会利益不确定	负	0.60						
(2) 企业社会责任的延伸和深化	正		0.50					
(3) 职业院校资源能力吸引力不够大	负			0.41				
(4) 行业协会自身发展水平	正							0.06
(5) 学生素质与企业实践差距大	负						0.19	
(6) 制度的约束力、规范力	正				0.34			
(7) 行业协会是政府和市场之间的桥梁	正							0.06
(8) "就业难"和"用工荒"并存	负					0.03		
(9) 企业责任感缺失	负					0.09		
(10) 职业院校与行业协会联系主动性不足	负			0.09				
(11) 未形成多主体、多层面的利益驱动	负	0.16						
(12) 市场竞争压力	负					0.13		
(13) 行业协会商会与行政机关脱钩	正							0.16
(14) 行业企业缺少积极主动践行的意愿	负		0.06					
权重		0.76	0.56	0.50	0.34	0.25	0.19	0.28

（二）数据清洗

数据清洗即对数据进行重新审查和校验的过程，目的在于删除重复信息、纠正存在的错误，并提供数据的一致性。数据清洗即清洗掉无效数据，发现并纠正数据文件中可识别的错误的最后一道程序，包括检查数据一致性、处理无效值和缺失值等。

本研究对数据进行清洗的思路为，当学者选择 14 个影响因素中某种因素时，若为正向促进因素，赋值为 1，若为负向影响因素赋值为 -1，其余情况为 0，对原始数值进行 0、1 和 -1 赋值。最终，每个影响因素得到总赋值的绝对值占总文献的比例作为该影响因素的权重。接着，运用 SPSS 统计软件对整理好的研究数据进行数据清洗，将无效值以及缺失值去掉，对数据进行整理。

根据上述研究思路可以看出，表 6—1 所列的影响因素中有 60% 的文献研究认为行业协会利益不确定导致动力不足，有 50% 的文献研究认为企业社会责任的延伸和深化促进了行业协会参与现代学徒制发展，有 41% 的文献研究认为职业院校资源能力吸引力不够丰富导致行业协会参与现代学徒制发展的动力下降，其他影响因素的权重计算以此类推。从动力机制的角度来看，这些影响因素可归纳为 7 个动力因素，分别用 X_1—X_7 来表示。其中 X_1 命名为利益诉求，X_2 命名为社会责任，X_3 命名为职业院校资源能力吸引力，X_4 命名为制度保障，X_5 命名为市场驱动，X_6 命名为学徒自身能力，X_7 命名为行业协会行动能力。具体如表 6—2 所示。

表 6—2　行业协会参与现代学徒制的动力因素分析

变量	描述
X_1	利益诉求
X_2	社会责任
X_3	职业院校资源能力吸引力
X_4	制度保障
X_5	市场驱动
X_6	学徒自身能力
X_7	行业协会行动能力

三、变量选取与说明

从表 6—1 和表 6—2 可以看出，X_1 表示利益诉求，它包含行业协会利益不确定导致动力不足和未形成多主体、多层面的利益驱动两个影响因素，分别从行业协会和相关利益主体角度阐述了利益驱动的重要性，该动力要素占比达到 76%，这说明有 76% 的文献研究表明利益是动力的来源。行业协会的产生和发展始终与经济因素相关，其行为离不开对利益的追寻，"能够实现预期收益"是其行为的重要动因。行业协会利益的不确定性以及部分企业培养人才成本较高导致行业协会没有足够的动力参与到现代学徒制试点中。X_2 代表社会责任，行业协会是否承担起自身的社会责任以及执行效果如何会直接影响社会公众和会员企业对其的认同和信任的程度。我国众多行业中有相当一部分协会积极投入现代学徒制的教育研究中，目的是履行社会责任，促进社会经济的发展，使之在社会中更加稳固的存在。X_3 表示职业院校资源能力吸引力，该动力因素包括第 3 条和第 10 条影响因素，主要从职业院校角度出发，阐述职业院校资源能力吸引力不够大和职业院校与行业协会联系主动性不足，从而影响行业协会的参与意愿。当职业院校提供的资源的吸引力高于其他组织时，行业协会便会愿意与职业院校合作而放弃从其他组织获得资源的途径。职业院校资源能力吸引力在一定程度上可以对本行业和整个社会的人才资源带来保障，通过相关研究和调查也可以发现，行业协会在参与现代学徒制教育过程当中，更希望与名校或者专业性较强的学校合作，同时对校企合作方面表现积极的学校比较青睐，其目的是在此过程中让各合作方有更好的发展前景，同时也可以收获丰富的人才资源和较高的行业威望，这也是行业协会参与现代学徒制发展的动力。但也使许多资源能力不强的职业院校没有机会参与到现代学徒制教育当中来，X_4 代表制度保障，它包括制度的约束力、规范力等影响因素。制度性动力是指行业协会必须遵守相关法规制度要求而承担其社会责任的影响力量。美国学者施瓦茨的"三动力模型"理论指出，制度性动力与经济性动力、社会性动力是不同的，经济性动力和社会性动力推动主体履行职业教育职责出于自愿，不具有强制性。而各种法规制度对行业企业承担职业教育的职责具有强制性作用，是必须履行的。制度的实施可以有效地约束和推动行业协会参与现代学徒制，制度激励行业协会正当行为的同时还可以限制和惩戒行业协会的不当行为。因此，政府的制度保障，对于行业企业参与职业教育具有特殊的意义。在现代学徒制教育过程中，要想取得有效成果，就要给予行业协会足够的权利参与到现代学徒制教育中来，形成以政府为主导，行业为指导的合作模式，否则行业协会没有充足的行政地位和空间行使自己的权利，也没有足够的动力参与现代学徒制教育。X_5代表市场驱动,主要包括"就业难"和"用工荒"并存、企业责任感缺失和市场竞争压力。行业协会产生于市场萌芽之初,并随着市场经济的繁荣与成熟而不断发展和完善,因此,行业协会的组织边界受市场限定,没有市场,它们就失去了生存的土壤,行业协会利用市场进行资源配置,可以提高资源的利用效率。职业教育的属性决定了市场参与的必要性。影响行业协会参与现代学徒制发展的市场因素主要包括职业教育面临的需求和市场竞争压力。职业教育面临的需求主要是社会需求和个人需求,对应着劳动力市场和生源市场。从效益和效率角度来看,政府没有必要直接干预现代学徒制发展的所有环节,市场驱动是必要的。X_6代表学徒自身能力,主要表现为学生素质与企业实践差距大。通过研究可以发现,参加现代学徒制试点的学校多为职业技术类院校,这些院校的学生大多重实践,但自身理论基础还存在一定的不足之处,这是行业协会参与现代学徒制发展的一个重要考量因素。X_7代表行业协会行动能力。行业协会是否具有理性行事的能力,这构成合理性分析的逻辑起点;同时也构成了行业协会参与现代职业教育治理的内部能力保障。

四、模型的建立

本研究在对原始数据进行0—1赋值的基础上,将每个动力因素的权重纳入模型当中,使分析结果更具有说服性。

表6—3 权重结果

动力因素	X_1	X_2	X_3	X_4	X_5	X_6	X_7
权重	0.76	0.56	0.50	0.34	0.25	0.19	0.28

（一）相关性检验

在进行因子分析和主成分分析之前，首先要对动力因素进行自相关检验，通过自相关系数来判断各动力因素之间的相关关系。主成分分析是基于样本统计结合协方差最大最小化理论得到的一种数据降维的方法。它的基本思想就是简化自变量之间的复杂关系，其做法是通过矩阵分解，将多个变量转化为少数几个综合变量（主成分），其中每个主成分都是原始变量的线性组合，且各主成分彼此不相关，因此这些主成分可以反映原始变量的大部分信息，且所包含的信息不重叠。根据本研究的数据可以看出，每个样本对应一个得分项，从而得到一个高阶矩阵，标记为 $S=S_{ij}$，其中表示 S_{ij} 第 i 样本的第 j 项得分。然后运用 SPSS 统计软件对以上矩阵进行标准化，得到相关系数矩阵 R，具体结果如表6—4所示。

表6—4 相关性矩阵

		X_1	X_2	X_3	X_4	X5	X_6	X_7
相关性因子	X_1	1.000	0.983	0.967	0.955	0.915	0.921	0.941
	X_2	0.983	1.000	0.973	0.934	0.915	0.936	0.933
	X_3	0.967	0.973	1.000	0.920	0.920	0.917	0.921
	X_4	0.955	0.934	0.920	1.000	0.864	0.888	0.949
	X_5	0.915	0.915	0.920	0.864	1.000	0.892	0.882

续表

	X_1	X_2	X_3	X_4	X5	X_6	X_7
X_6	0.921	0.936	0.917	0.888	0.892	1.000	0.918
X_7	0.941	0.933	0.921	0.949	0.882	0.918	1.000

通过表6—4我们可以看出，绝大多数因子自相关系数都在0.90以上，所有的因子自相关系数都在0.85以上，这说明各个因子之间有较强的相关性，符合因子分析的数据要求。除了相关性检验之外还需要使用KMO统计量和Bartlett's球形检验加以判定。KMO统计量的取值范围在0与1之间，越接近1，做因子分析的效果就越好。一般认为，KMO>0.9表示非常适合进行因子分析；0.8<KMO<0.9表示比较适合；0.7<KMO<0.8表示适合；0.6<KMO<0.7表示不太适合；KMO<0.5表示不适合。Bartlett's球形检验用于检验相关矩阵是否是单位阵，即各变量之间是否相互独立。如果Bartlett's球形检验的统计量数值较大，且对应的概率P值小于给定的显著性水平α，则应拒绝原假设，说明适合做因子分析。

表6—5　KMO 和 Bartlett's 球形检验

Kaiser-Meyer-Olkin 测量取样适当性		0.923
Bartlett's 球形检验	近似卡方	450.492
	df	21
	Sig	0.000

本研究利用SPSS22.0软件对数据进行KMO和Bartlett's球形检验，具体结果如表6—5所示。其中KMO值为0.923，Bartlett's球形检验的P值为0.000，小于显著性水平，表明因子间具有相关性，适合做因子分析。

表6—6　公共性分析

	起始	提取
X_1	1.000	0.982
X_2	1.000	0.973
X_3	1.000	0.966
X_4	1.000	0.977
X_5	1.000	0.972
X_6	1.000	0.994
X_7	1.000	0.961

表6—6给出了本次分析中每个变量的共同度，因子几乎包含了各个变量至少96%的信息。可以说明我们所选取的指标可以较大程度地反映总体水平特征，从而使模型更具有说服力，研究结论也更加贴合实际。

（二）实证结果分析

本研究利用SPSS22.0软件对本研究数据进行因子分析，提取方法选择最大方差法下的主成分分析法，经过操作得到旋转后的因子方差贡献率，整理后如表6—7所示。

表6—7　方差分析

元件成分	起始特征值			旋转平方和载入		
	特征值	方差贡献率 /%	累计贡献率 /%	特征值	方差贡献率 /%	累计贡献率 /%
1	6.557	93.673	93.673	2.874	40.675	40.675
2	0.159	2.265	95.938	2.392	34.168	74.843
4	0.089	1.274	98.770			
5	0.044	0.634	99.403			

续表

元件成分	起始特征值			旋转平方和载入		
	特征值	方差贡献率 /%	累计贡献率 /%	特征值	方差贡献率 /%	累计贡献率 /%
6	0.029	0.418	99.822			
7	0.012	0.178	100.000			

通过表 6—7 可以看出，前 3 个因子能够涵盖问题的 97.496%，并且特征值都大于 1。其中第 1 个公因子有 40.675% 的贡献率，第 2 个公因子有 34.168% 的贡献率，第 3 个公因子有 22.643% 的贡献率。这说明提取 3 个公因子几乎可以代表问题全部。为使各公因子贡献率更直观清晰，本研究绘制柱形图，具体如图 6—1 所示。

（单位：%）

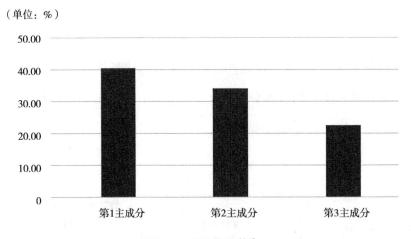

图 6—1　公因子贡献率

通过下述碎石图可以看出，第一主成分起始特征值最高，之后的各个主成分开始趋于平稳。从数值上看，第二成分、第三成分的起始特征值分别为 0.159 和 0.109，变化幅度越来越小，折线也原来越接近于水

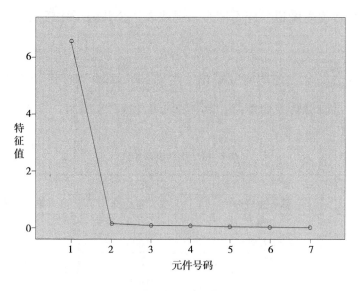

图6—2 碎石图

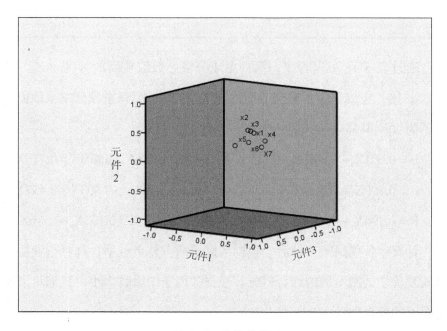

图6—3 旋转载荷图

平线。从数值角度说，碎石图表示提取 3 个公共因子比较贴合本书的研究模型。

本专著结合上述的研究结论，运用 SPSS22.0 软件进一步进行主成分分析，得出旋转载荷矩阵，具体结果如表 6—8 所示。

表 6—8　旋转载荷矩阵

	成分		
	第一主成分	第二主成分	第三主成分
X_1	0.691	0.590	0.396
X_2	0.640	0.606	0.442
X_3	0.620	0.652	0.395
X_4	0.799	0.440	0.382
X_5	0.436	0.784	0.411
X_6	0.493	0.503	0.705
X_7	0.710	0.437	0.516

通过表 6—8 可以看出，第一主成分中系数值较高的为 X_1、X_2、X_4 和 X_7，第二主成分中系数值较高的为 X_3 和 X_5，第三主成分中系数值最高的为 X_6。具体表达式为：

$$F_1 = 0.691X_1 + 0.640 X_2 + 0.620X_3 + 0.799X_4 + 0.436X_5 + 0.493X_6 + 0.710X_7$$

$$F_2 = 0.590X_1 + 0.606 X_2 + 0.652X_3 + 0.440X_4 + 0.784X_5 + 0.503X_6 + 0.437X_7$$

$$F_3 = 0.396X_1 + 0.442X_2 + 0.395X_3 + 0.382X_4 + 0.411X_5 + 0.705X_6 + 0.516X_7$$

计算出各项因子得分后，根据各因子的方差贡献率，计算行业协会参与现代学徒制发展的综合得分。根据各因子的贡献大小，我们可以建立最终的模型估计式：

$$F = [\lambda_1 / (\lambda_1 + \lambda_2 + \lambda_3 + \lambda_4)] F_1 + [\lambda_2 / (\lambda_1 + \lambda_2 + \lambda_3 + \lambda_4)] F_2 + [\lambda_3 /$$

$（\lambda_1+\lambda_2+\lambda_3+\lambda_4）F_3+\lambda_4/（\lambda_1+\lambda_2+\lambda_3+\lambda_4）] F_4$

其中 λ_i（$i=1$，2，3）表示每个因子的特征向量值，将数据代入可以得到最终模型方程为：

$$F =41.72\% F_1+35.05\% F_2+23.22\% F_3$$

通过上述对动力模型进行实证分析，具体可从四个大的角度概括我国行业协会参与现代学徒制发展的动力现实：

第一主成分的因子贡献率为41.72%，可见第一主成分的影响比重最高。其主要包括利益诉求、社会责任、制度保障和行业协会行动能力，是影响行业协会参与现代学徒制发展的最主要的动力因素。

第二主成分的因子贡献率为35.05%，主要包括院校资源能力吸引力和市场驱动力，是影响行业协会参与现代学徒制发展的第二动力因素。

第三主成分的因子贡献率为23.22%。主要是学徒自身能力。

第二节　我国行业协会参与现代学徒制发展的主要动力因素

行业协会参与现代学徒制发展的动力因素分析结果是构建参与动力机制的重要依据。如上文所述，我国行业协会参与现代学徒制发展的主要动力因素包括：利益诉求、社会责任、制度保障、行业协会行动能力、职业院校资源能力吸引力、市场驱动及学徒自身能力，共同支撑动力机制系统。其中，行业协会行动能力、职业院校资源能力吸引力、市场驱动及学徒自身能力涉及行业协会、职业院校、市场（社会需求、市场竞争压力和学徒需求，所以涉及国家、企业和学徒三个主体）及学徒等相关主体，因此，本研究将上述四因素归纳成相关主体因素，即利益相关者。其中，学徒因为有职业院校作为其代言人，更多属于被动接受型，因此，本章更加侧重探讨行业协会、政府、职业院校及企业四种利益相关者。利益诉求、社会责任、制度保障及主体因素是最主要的动力因素，前三项动力因素通过作用于主体因素而影响着行业协会的参与行为。

一、利益因素

（一）经济、政治利益

公共选择理论观点认为，无论经济和政治哪个市场，都不存在纯粹追求公共利益的政治官僚。人们的行为都是在追求效用的最大化，利益成为一切社会活动最深刻的根源与动力。社会成员承担任何一种社会行为，都会受到利益的牵引，因此，对利益的追求和实现是促使其开展活动的内在驱动力。行业协会参与现代学徒制发展动力主要来源于对经济利益及政治利益的追求，即追求经济地位和行政权力。

1.经济利益

利益是推动人的活动和历史不断向前发展的动力，是人类社会活动的本源性动因。任何组织关系都会建立在一定的利益关系基础之上，利益是动力的来源。马克思也曾明确指出："历史不过是追求自己目的的人的活动而已，而人们奋斗所争取的一切，都同他们的利益有关。"在不同的历史条件下，利益的动力作用发挥的程度会有所不同。影响行业协会参与现代学徒制发展的最终决定因素是其利益目标，因此，能否在参与过程中获得利益是行业协会深度参与现代学徒制发展的逻辑前提和根本标准。《中华人民共和国教育法》第六章第四十六条规定："国家鼓励企业事业组织、社会团体以及其他社会组织同高等学校、中职职业教育在教学、科研、技术开发和推广等方面进行多种形式的合作。"行业协会是自愿组织起来的非营利性、自律性的社团组织，大多对内是自筹经费进行管理，维护和提高会员的利益是其最基本的功能和最高宗旨，因此，经济利益驱动是行业协会为企业利益代表、服务于会员企业的必然要求，更是其参与职业教育活动的根本和最初动力的来源。

2. 政治利益

行业协会作为桥梁和纽带，获得国家认可、提高社会公信力和社会地位是行业协会参与现代学徒制发展的重要动力。行业协会参与现代学徒制发展，是其各项功能的延伸，希冀通过制定职业能力、技能标准以及测评要求，参与相关事务的发展规划、管理与决策等，为开展现代学徒制改革提供必需的制度保障，从而有效参与到现代学徒制建设中。在推进现代学徒制向纵深发展的同时，努力为本行业培养更多行业发展所需要的技术过硬、业务过关的高素质技术技能型人才，不断提升本行业从业人员的素质和能力，确保行业内技能传承，为行业未来的技术革新提供人才储备，最终有力、有效地推动行业的成长与发展，带动行业整体进步。最终，通过互益性的外部溢出效应，达到其在维护国家政府、企业、学生和学校利益的平衡中塑造良好形象的目的，不断提升知名度、名誉度、号召力、影响力与公信力，塑造热心参与教育的良好形象，体现自身存在和发展的价值，从完善社会服务能力上提升自身的影响力及社会地位，通过获取政治利益确保组织经济利益，这成为行业协会深度参与现代学徒制发展的重要推动力。

（二）多主体、多层面的利益驱动

影响某一事物发展的因素是多方面的且具有一定系统性。行业协会参与现代学徒制发展行为的背后，一方面是自身利益追求的驱动，另一方面是其他利益相关者的支持和参与。行业协会参与现代学徒制发展的实质是与其他参与主体合作、互动的实践，因此，行业协会参与现代学徒制发展的深层次动力是多主体、多形态的网络化利益驱动。多主体指与行业协会参与现代学徒制发展相关的多元利益主体。"多形态"则是指涵盖了物质层面和精神层面的多种利益表现形式，如权力、金钱、荣誉、社会地位、成就感和归属感等。行业协会参与现代学徒制发展的"多主体"利益相关者包括职业院校、政府、企业及学徒等。行业协会是市场竞争发展到一定阶段的产物，同时也是连接企业、政府和职业院校之间的桥梁，研究行业协会参与现代学徒制教育的动力机制必然少不了政府、企业和职业院校的参与。其一，就政府而言，行业协会参与现代学徒制发展有利于培养社会所需的合格的高素质技能型人才，服务经济发展，亦能结合社会实际问题为政府提供政策咨询。促进国家劳动力技能水平提高，提升劳动力配置效益、促进社会和谐发展以及促进文化发展等内在需求促使政府接纳乃至动员行业协会参与现代学徒制发展。其二，就企业而言，作为整个市场经济中的微观经营群体，它不仅是行业协会信息传递的践行者，更是参与现代学徒制的直接合作者。当学校无法满足企业的个体利益的时候，现代学徒制下的校企合作模式便会终止，因此行业协会要想以纽带的身份连接学校和企业，就需要将本行业企业的利益考虑在内。若企业因利益受损不主动参与校企合作，这对于行业协会参与现代学徒制的过程就是一条阻碍因素，因此，企业出于对企业准员工和潜在劳动力的需求以及提升社会知名度等自身利益实现的考量，希望行业协会这个为本行业企业谋取利益的社会组织参与到职业教育中，进而保证企业的相关利益。其三，就职业院校而言，行业协会与其合作的深入程度直接决定现代学徒制教育的质量。学校出于就业机会需求、人才培养模式改革的需求以及技术、设备支持等方面的考量，希冀行业协会参与到现代学徒制发展中。其四，就学徒而言，行业协会的参与能够为学徒提供亲身体验职业的机会、能够实现以实践为导向的教育，有利于树立学徒远大的理想和抱负。学徒作为现代学徒制教育中的重要主体，出于获得终生受用的知识、能力及更好的就业前景等方面的考量，希望行业协会参与现代学徒制发展之中。由此可见，若想行业协会参与现代学徒制发展的动力机制发挥作用，相关利益主体相互联系、不断博弈必不可少。

二、社会责任因素

德国行业协会自身强烈的社会责任意识是其深度参与现代学徒制的核心动力，也是"双元制"成功的关键。行业协会的社会责任是行业协会通过透明和合乎道德的行为，所担负的维护和增进社会利益的责任。一方面，如前文所述，行业协会代表企业利益，为行业群体服务，行业协会社会责任是企业社会责任的延伸和深化。其一，与社会利益的集体性、整体性、共益性相比，企业的利益诉求仅仅是个体的、相对狭隘的。企业的发展应当蕴含于社会的发展之中，倡导作为会员企业的聚合体和组织体的行业协会承担社会责任，是对企业的指引、表率和督促。其二，单个企业参与现代学徒制发展成本相对较高，而且可能存在企业"搭便车"的行为。而若行业协会参与现代学徒制发展，依托行业协会提供的广泛的信息渠道和大数据，企业可以有针对性地与职业院校合作并对学徒进行培训，在行业协会这个"利益相容集团"中，同行业企业的利益是相互包容的，更容易实现集体共同利益，有利于增强行业企业参与的动力。其三，行业协会通过制定社会责任标准、行业规范以及管理、规范会员企业参与职业教育，培养出合格劳动力以满足企业经济利益；行业协会通过参政议政、影响政策等手段，争取政策优惠、法律支持以及教育财政投入等，避免私权与政府发生直接碰撞，教育的外部溢出性会使群体受益，维护行业经济利益，有利于和谐社会的构建。其四，2010 年 11 月 1 日，国际标准化组织（ISO）用 SR（Social Responsibility）代替 CSR（Corporate

Social Responsibility），并指出 CSR 原则确定的组织管理、人权、劳工实践、环境、公平运营、消费者权益、社区参与和发展七项主题，既适用于私人部门，又适用于公共部门。在新的经济和社会发展形势下，行业协会有必要呼应国际标准化组织发布的社会责任指南标准，将社会责任进行扩充解释和重构，同企业一样均应当承担其相应的社会责任。其五，行业协会在法律与政策驱动下已不局限于自身利益的追求，行业协会承担社会责任可以在一定程度上缓解因行业协会自我利益过分膨胀而导致的与社会利益之间的紧张程度。行业协会承担社会责任是自身利益对社会利益的一种妥协，更是国家对行业协会自身利益与社会利益的一种平衡。另一方面，积极"引导社会力量参与办学"，特别是引导行业协会参与现代学徒制发展，既是建立健全现代职业教育体系的需要，也是行业协会切实履行发展职业教育的职责。从行业协会视角看，行业协会除了承担维护行业秩序、促进行业经济发展等传统责任外，还应该致力于组织及促进社会的可持续发展。现代学徒制与各产业经济联系密切，以培养技术型人才为主要目标，这在一定程度上与行业协会的自身发展目标相近。我国行业协会的职责是代表行业企业的集体利益，因此在一定程度上有责任和义务为本行业企业培养优秀的高素质人才，支持教育事业发展，进而向社会输送行业精英，获得利益相关者的支持，所以，现代学徒制教育理应成为行业协会关注并介入的领域之一。目前，我国新型的高科技产业已逐渐成为带动我国 GDP 的主要动力，这些必须以科技创新和高科技人才来支撑，新兴产业的发展对技能型人才培养提出了更高的要求，对参与现代学徒制的院校、行业协会以及企业都提出了全新挑战。行业协会有着独特的内在资源优势，能够准确地把握整个行业的发展方向，是整个行业决策制定的关键参与者。因此，行业协会参与现代学徒制发展符合当今市场的需求，顺应时代发展的潮流，能为社会作出相应的贡献。

三、制度因素

制度不仅能有力地驱动和鼓励逐利行为，又可以为防范和规避参与"风险性"提供有力保障，还能建立有效的行为制约机制，既可以增强参与的可操作性，使自发追求转化为自觉行动，又能缓解社会的利益冲突和矛盾。因此，制度保障是动力机制构建的必然要求，对于行业协会持续参与现代学徒制发展是至关重要的。

根据《辞海》解释，制度含有规程、体系、法度之义，是一个历史、系统和法规的概念。结合教育实际和特点，教育制度是教育机构设置与法规体系构建的总和。从性质来看，具有原则性、稳定性、普遍性和实践性属性特征；从功能特点来看，具有导向、制约、规范和保障作用。[①] 制度分为正式制度和非正式制度。正式制度是指一些成文的规定，主要是指党和国家出台的一些法律法规和政策文件。相关的法律制度规定可以使行业协会在关于参与现代学徒制教育的问题上"有法

---

① 蒋旋新：《中国特色职业教育体系论纲》，知识产权出版社 2017 年版。

可依，有章可循"，正式制度建设有利于实现行业协会参与的合法性、权威性及可操作性，继而使之获得更为广泛的社会认同。保证行业协会的行为朝着良性的方向发展，有序进行，有效地增进公共利益。非正式制度，又称非正式约束、非正式规则，是指人们在长期社会交往过程中逐步形成，并得到社会认可的约定俗成、共同恪守的行为准则，包括价值信念、风俗习惯、文化传统、道德伦理和意识形态等。正式与非正式约束及其匹配制度相辅相成，能够共同保障行业协会合法、合理参与现代学徒制发展，共同促进社会发展。制度体现主体意志和客观规律，表现为特定的价值取向和实践导向，对实施对象产生长久深刻的影响力。运用制度杠杆，通过改革与创新，协调平衡动力主体的责权利关系，激励积极性，提高自觉性，增强能动性，为动力机制奠定坚实基础。这是解决当前现代学徒制发展中行业企业参与积极性不高及发展职业教育中社会群体摇摆不定问题的根本出路。只有行业协会具有了参与保障，才能充分发挥其特有的职能，否则难以走上制度化和规范化发展轨道，因此，稳定的制度安排与保障是不可或缺的动力，是动力机制的重要内容，起着关键性作用，应纳入动力系统研究视域。

四、主体因素

任何活动和事业最终都需要某一主体来完成，主体的积极性是决定活动和事业效率和成效的关键。行业协会参与现代学徒制发展的动力机制研究中最主要的主体是行业协会，重点分析行业协会为什么参与现代学徒制发展，主要的动力是什么，怎样形成动力机制等。任何一个社会组织都不可能是孤立的，行业协会参与现代学徒制发展，也必然会受到其他相关主体的影响。相关主体要素即与行业协会参与现代学徒制发展有关的各利益者，即利益相关者。现代学徒制的教育发展方向、人才培养模式以及教育教学内容都是利益相关者博弈的结果。现代学徒制的参与主体多元，从利益发生的主被动关系来说，主动利益相关者包括政府、职业院校、企业以及与现代学徒制相关的行业协会四类。最为主要的被动利益相关者则是接受学徒制教育的学徒。现代学徒制的发展在很大程度上得益于利益相关者，各利益相关者为现代学徒制发展提供有益的指导，指明具体的方向。在我国现代学徒制发展过程中无论从学理上还是现实中的实践来看，直接办学主体是职业院校，但是职业教育供给侧结构性改革解决的根本问题是政府、社会组织和市场的边界，以及如何能更好地充分发挥各方的作用，形成合力。这就意味着，行业协会与政府、市场以及其他社会力量要共同参与职业教育这一公共性问题，共同承担提供公共服务和管理公共事务的责任。如果行业协会能够在政校企之间发挥信息沟通功能，对于实现行业技能的传承与创新必然会有很大助益。利益相关者的拉动、自动与推动对于行业协会参与现代学徒制的发起与实施都是至关重要的一个动力因素。

第三节　我国行业协会参与现代学徒制
发展动力不足的原因分析

结合动力分析模型以及德国行业协会参与学徒制教育的成功经验，本部分主要探讨我国行业协会参与现代学徒制发展动力不足的原因，以便更好地构建动力机制。

一、未形成多主体、多层面的利益驱动

（一）行业协会利益需求未得到充分满足

目前，行业协会参与现代学徒制发展的经费来源有会费、政府资金支持、服务性收入及捐赠等。无论是国外还是国内行业协会经费的最主要来源都是会员所交的会费，会费在行业协会经费中占据主要比例。充足的经费是行业协会有效运行的前提，也是其有效参与现代学徒制发展的重要保障。但是，目前来讲，行业协会参与现代学徒制发展总体而言缺少政府、企业或者学校的专项经费支持。就行业协会角度而言，虽然其既不是政府部门，也不是事业单位，但是作为服务机构协助政府指导职业教育发展，其这种服务于政府部门的职责应该是有偿的，按照市场经济规则，政府部门应该支付行业协会相关费用。然而，事实并非如

此，行业协会在该方面的利益没有相应的政策或制度给予明确保障，支持行业协会参与现代学徒制发展的税收优惠和经费补偿政策也不够完善，行业协会自身利益难以体现，故而缺乏参与的内驱力。即使行业协会收取了会费，目前我国行业协会的会费也普遍较低，同时其收取的会费数额比较固定，直接导致了行业协会参与现代学徒制发展的经费短缺。这也间接地导致了行业协会参与现代学徒制发展的动力不足，未能为职业教育发展起到应有的作用。

从其他主体角度而言，第一，因为我国行业协会目前尚未深入参与到现代学徒制发展中，发挥的作用也不充分。所以，社会、院校以及企业等对行业协会在现代学徒制发展中所起的作用认可度较低，缺乏缴纳相应会费的积极性。第二，政府资金支持少。虽然近年来国家加大了对职业教育的经费投入力度，但是，目前尚未有关于行业协会参与现代学徒制发展的专项经费，财政支持力度偏低。随着政会脱钩改革的不断深入，行业协会将不再可能直接从政府获得财政拨款，只能通过税收优惠、项目经费、合同承包等方式获得政府的经费支持，但是政府购买行业协会提供的职业教育服务力度不够，行业协会参与成本无法得到合理补偿，活动开支无法获得弥补，影响行业协会参与现代学徒制发展的能力。第三，目前我国行业协会提供的如信息、职业培训以及咨询等有偿服务不多，服务性收入较少。这是由行业协会自身的弱服务能力导致的，但是同时，经费不足又很难有效提高行业协会的服务能力，这样就形成了一个难以破解的不良循环。

综上所述，行业协会参与现代学徒制发展的利益与责任的匹配度不确定，无法保证获得及时的、显性的利益，致使行业协会深度参与现代学徒制发展意愿不足、积极性不高，参与度较低。在这里需要强调，行业协会在参与现代学徒制发展过程中，追求经济利益合理、合情、合法，但是不能利用职能之便单纯强化自身的独立经济利益。规范行业协会商会涉企收费，是党中央、国务院高度重视的一件大事。2020 年《国务院办公厅关于进一步规范行业协会商会收费的通知》中指出，要坚持以习近平新时代中国特色社会主义思想为指导，深入贯彻落实党的十九大和十九届二中、三中、四中全会精神，持续深化"放管服"改革，针对部分行业协会商会乱收费和监管不到位等突出问题，从严监管、综合施策、标本兼治，全面规范各类收费行为，进一步完善监管机制，做到对违法违规收费"零容忍"，促进行业协会商会健康有序发展。

（二）未形成多主体、多层面的利益驱动

自 2015 年我国公布首批现代学徒制试点单位以来，总体上现代学徒制教育发展过程中存在"三冷三热"现象，即政府热、学校热、教师热，行业冷、企业冷、学徒冷。分析其中的原因，主要是单向度的政策激励未能有效均衡利益博弈，利益融合机制尚未形成。就目前而言，虽然多元利益主体的参与过程有一些机制，但是相关机制还不够完善。如果没有必要的、完善的、互惠共赢的利益机制做保障，便不会形成真正的互动和合作意愿，即使开展一些合作，也可能会由于想合作又嫌麻烦、热情不高、成本太高等原因，不能深入而持续地互动合作。当前，由于多元主体的地位及利益诉求存在差异，不可避免地存在利益矛盾和

价值冲突。多主体在合作利益的认知上还没有达成共识，利益驱动的作用过程充满了一定的不确定性和偶然性因素，利益契合点还不明确，有"单子化运动"倾向，存在参与个体利益被满足的同时导致公共利益非理性、各主体之间利益不对等现象，引起行业协会的无力感与不被重视感，尚未实现多种利益的最大化。未形成多主体、多层面的利益驱动，不利于调动行业协会的积极性，进而影响会员企业与职业院校合作的进度、广度和深度。

二、行业协会社会责任缺失

行业协会在参与我国现代学徒制发展的过程中，理应发挥政、校、企之间沟通联结的功能，扮演政策实施协助者的角色，履行现代学徒制培养质量监督者和评估者等职责，实现行业技能的传承与创新。然而，令人遗憾的是，我国行业协会在职业教育认知方面存在一定问题，虽然意识到参与职业教育发展是其应该承担的社会责任，但是并没有表现出积极主动践行的意愿。社会责任的缺乏及"合作共赢"认识的不足等，使行业协会在参与现代学徒制发展过程中缺少了强劲援助。我国行业协会从以前的行政部门下属单位变为独立经营、自负盈亏的非营利性社团法人后，政府没有授予行业协会代行政府进行技术指导、制定行业规划、颁布人才标准等方面的权力，所以我国行业协会参与现代学徒制发展多是基于自身意愿，如果出现主体内生要素不足，如主体责任意识淡薄、公民意识不强、组织能力偏弱等情况，则会导致行业协会践行学徒制的意愿与积极性不足，缺乏稳定性，消极、盲从、应付及流于形式的状况便会出现。加之我国行业协会在行业内缺乏相对独立性、专业权威性、社会公信力和依法自治性，在承担社会责任的方式选择、积极行动等方面并不是非常努力，进而在参与现代学徒制运行中多处于"弱位"和"边缘"状态。尤其是当遭遇人员紧缺、资金困难、相关利益者消极配合等不利境况时，行业协会可能并不能积极主动地寻找突破，有时会以无可奈何的态度选择放弃，影响参与效果。

三、缺乏相应制度保障

制度的欠缺会导致行业协会参与现代学徒制发展的政策与生态环境不良，组织效力不高。法律是维持一切公共秩序的来源，也是约束各个社会团体的强制性程序。为了更好地促进行业协会与职业院校的合作，我国应当制定切实有效的法律法规，对行业协会、企业以及职业院校的社会地位和职责范围进行明确的法律规定。但是就目前来讲，尽管我国持续推进行业协会直接登记、行政机关与行业协会脱钩等改革，但在制度保障方面仍存在一定的问题，致使行业协会开展活动的空间与自由度仍然有限，具体体现在以下两个方面。

第一，行业协会参与现代学徒制发展的制度保障相对"虚弱"。具体表现在以下三个方面：其一，在明确规范行业协会参与现代学徒制发展的法律方面目前在我国还是空白。我国关于行业协会现行的立法仅是行政法规、部门规章以及部分省市的地方性法规，并未建立起系统化的制度体系，制约行业协会的功能发挥。虽然近些年政府高度重视，使行业协会参与学徒制发展有法律法规的依据，但我国目前尚无行业协会参与现代学徒制发展的直接、明确且硬性的法律规定，2014年8月，《教育部关于开展现代学徒制试点工作的意见》首次提出要逐步建立起政府引导、行业参与、社会支持，企业和职业院校双主体育人的"中国特色现代学徒制"，但是其中并未出现明确的关于行业协会的规定。总体而言，关于行业协会参与现代学徒制发展的顶层设计还不健全、不完善，没有形成可持续的制度，导致行业协会参与现代学徒制发展的法律地位缺失、职能不明确。而且缺乏专门针对行业协会参与现代学徒制教育的立法，存在配套政策法规的缺失与滞后现象。目前我国也缺乏违约惩罚的硬性规定，缺乏强制力，无法有效地约束行业协会的政策不作为。行业协会参与现代学徒制发展缺乏政策制度依据，没有法律效力，这使行业协会在参与现代学徒制教育过程中遭遇不同程度的合法化危机，实际运作的效果并不明显，难入正题。其二，政策规定不明晰、比较笼统、落实不力。近年来，随着全社会对职业教育的重视程度不断深化，对行业协会参与职业教育的政策引导越来越多，现有各种法律法规都在倡导和鼓励行业协会积极参与到现代学徒制教育中来，但是都比较笼统，在行业协会如何参与现代学徒制教育的具体办法及细则上未提出明确意见。例如，《国家中长期教育改革和发展规划纲要（2010—2020）》规定：调动行业企业的积极性，建立健全政府主导、行业指导、企业参与的办学机制……推进校企合作制度化。虽然提及行业指导，但行业协会的作为依然空缺。再如，《中华人民共和国职业教育法》第6条规定：行业组织和企业、事业组织应当依法履行实施职业教育的义务。但行业协会应该履行哪些义务，如何履行义务，并未作出详细的规定。并未明确行业协会的法人地位，行业协会在政府、企业及职业院校之间的角色比较模糊，未对行业协会如何高效参与现代学徒制的方式、方法作出确切的规定，没有明确赋予行业协会在参与现代学徒制中制定行业规划、发布人才标准、进行技术指导等方面的权力。这就会致使行业协会在参与专业设置、教学管理以及教学设计等活动时比较被动，无法有效、充分发挥行业协会的各项功能。结合我国的实际现状来看，行业协会的部分权力仍然停留在政府的相关行政部门的权力范围内，并且政府和社会组织未对行业协会参与现代学徒制的过程设立明确的奖惩措施，行业协会无法独立出来完全反映行业企业的利益。也就是说现有政策法规对于行业协会参与现代学徒制发展的规定仍然是政策上的提倡，而具体的行为规范尚不明晰，行业协会无法明确定位其职责和角色，其大部分行为"有实无名"，没有明确授权，这便会导致行业协会在行使权力时，很难把握权力的界限，这样既可能存在滥用职权等问题，也有可能存在一些行业协会由于没有法律的支持而不能充分发挥作用，给其权力的行使造成了困难。行业协会不能形成强有力的统一管理规范，不能掌握学徒制教育发展的话语权，必然会降低行业协会参与现代学徒制的积极性，导致持续性动力不足。其三，现有政策文件对于"行业协会""行业""行业组织""行业管理部门"的规定比较概括和模糊，甚至主体颁布的文件之间存在不完全一致的措辞与表述。虽然有些政策文件，如 2005 年的《国务院关于大力发展职业教育的决定》、2010 年的《国家中长期教育改革和发展规划纲要（2010—2020 年）》、2015 年的《高等职业教育创新发展行动计划（2015—2018 年）》、2019 年的《中华人民共和国职业教育法修订草案（征求意见稿）》以及《国家职业教育改革实施方案》等，提到"行业协会"，但是均未明确行业协会参与学徒制发展的要求，这势必会影响政策执行的力度与实效。总之，当前我国尚未构建起完善的规范体系以支撑行业协会参与学徒制发展，未能充分释放行业协会的潜在能量。

第二，外部法律法规的不当限制。我国的经济体制经历了计划经济向市场经济转变的过程，行业协会也逐渐由政府管理向市场管理转变，这是一个漫长而不断完善的过程。在我国，行业协会隶属于社会团体的范畴，应当遵守我国法律法规对于社会团体的基本规定。目前我国有关行业协会的法律规范主要有四个层级：关于特定行业协会的基本法律规定；关于特定行业协会的行政法规、部门规章规定；关于特定行业协会的地方性法规、政府规章以及规范性文件规定；关于特定行业协会的内部章程规定。我国管理行业协会的法律规范数量众多，但就质量而言，层次水平不同，内容之间缺乏统一性和连贯性。部分规范制定的年限较为久远，未能及时修订，造成内容滞后。对当下行业协会发展产生了一定的负面性限制与影响。而且，在一些地区，行业协会业务主管部门多，权限过大、过宽。相关管理部门持续通过多方面对于行业协会的内部管理制度加以强制性规定，使行业协会难以充分发挥其应有的功能及活力。①

---

① 段传龙：《作为共治主体的行业协会发展研究》，博士学位论文，西南政法大学，2019 年。

四、相关主体推动的"缺位"

（一）缺失联结机制

联结机制主要指合作机制，现实中，目前我国行业协会与现代学徒制各利益相关者之间缺失联结机制，行业协会无法通过参与现代学徒制获得必要的资源支持。当前，行业协会参与现代学徒制发展过程中缺少基于互惠多赢的利益驱动机制、基于文化融合的沟通机制等，政府的主导作用以及职业院校、行业协会和企业的主体作用尚没有充分发挥，导致各相关主体之间缺少多层面沟通交流的平台，不易拓展各主体之间合作的深度与广度，无法深入、持续地开展互动合作。目前有些工作只是临时性和阶段性的，计划性不强，缺少综合考虑各方利益的、整体的、系统的顶层设计，相关主体组织运行效率不高，整体反应速度较慢，合作效益并不明显。

（二）行业协会自身参与能力不足

行业协会自身参与现代学徒制发展能力不足主要表现在以下几个方面：第一，教育部 2011 年出台的《关于充分发挥行业指导作用推进职业教育改革发展的意见》中便要求行业组织要加强对职业教育的指导、评价和服务。但是，由于我国部分行业协会的行为中尚未完全去除过去的行政化印记，存在自身转型不彻底，法人组织机构不健全，民主化运行程度不高，发展不充分，承担行业组织的功能发育不健全等问题，所以在参与现代学徒制过程中难免会遭遇一些阻碍，在现实中指导职业教育的能力有限，无法满足多层次、不同主体间的需求，制约着行业协会参与职业教育的效果。第二，部分行业协会不同程度地存在"违规收费，重复、偏高和过度收费"等问题，导致行业协会缺乏社会公信力和专业权威性，在职业教育领域社会认可度低。没有相对的合法身份和社会的普遍认同，在一定程度上制约了行业协会自身的发展和参与现代学徒制发展积极性的提高。进而在现代学徒制发展过程中难以充分发挥其应有的引导、咨询、服务和协调功能。第三，我国行业协会参与现代学徒制发展时间不长，尚未形成有效的合作参与机制，在参与过程中行业协会缺乏开拓精神、自主意识不强，往往被动参与现代学徒制人才培养过程，参与人才培养的方式和内容便跟不上时代需求变化，无法发挥其咨询服务的实效性，针对性也被弱化，导致参与合作基本还处于浅层次的、点状的初级阶段，合作关系不稳定、不持续致使合作效益不能实现最大化。

第七章 构建行业协会参与现代学徒制"中国化"发展的动力机制

第一节 动力结构分析

就行业协会参与现代学徒制发展运行而言，动力机制的作用过程需要有相应的动力结构。前文所述各动力要素并非是孤立存在的，而是具有其内在的联系结构。德裔美国著名社会心理学家库尔特·勒温的场动力理论认为，主体因素与外部环境的乘积决定了主体的行为方向与向量。该论断说明，一方面，任何主体行为的产生都是由主体因素与外界环境因素相互影响和作用的结果。另一方面，外部刺激能否成为激励因素，与内部动力大小相关，若内部动力小于等于零，外部环境刺激就不会发生作用或可能产生相反的作用。主体内部需求占据主导地位，是原动力因素；外部环境具有客观性，一般不受主体控制和掌握，是诱导力因素。结合该理论本部分将探讨各动力要素分成内部动力及外部动力，对行业协会参与现代学徒制发展的动力结构进行分析。依据前文分析，最终总结出各动力要素之间的关联关系，如表7—1所示。

表7—1　行业协会参与现代学徒制发展的动力要素关联关系

	内部动力		外部动力	
利益要素	自身利益追求驱动力	经济利益	市场驱动力	社会需求拉动力
		人力资本		学徒个人需求拉动力
		科技资源		市场竞争压力
			科技发展水平拉动力	
责任要素	自身价值认同和追求			
制度要素			法律法规约束力	非正式规范的约束力
主体要素	行业协会自身行动能力		政府支持引导力	高校资源能力吸引力

从结构角度看，动力机制是一个内外动力结合体，其中，外推动力不可缺少，但内在主体动力是根本动力，在形成内生性动力机制过程中起着主导性作用。

（一）内部动力

行业协会参与现代学徒制发展动机和愿望产生的重要前提是利益驱动和价值导向。二者是内部动力要素的主要构成，是推动行业协会参与的原动力。内部动力与利益需求显著相关。行业协会有培养与供给技术技能人才的利益诉求，其通过参与现代学徒制发展，有利于提高人才培养质量，获得有利于长远发展的人力资本和科技资源等关键性要素，取得竞争优势进而获取经济利益。行业协会可以利用职业院校获取人力资本，通过利用其技术优势和人员优势获取智力资源解决技术研发、更新改造与经营管理等方面的难题，促进科技成果尽快转化为生产力，增加其参与现代学徒制发展的可能性。虽然行业协会参与现代学徒制发展会产生短期成本，降本增效必然成为其最核心考虑的问题。但从长远来看，行业协会参与现代学徒制发展有利于提升行业协会的形象和公信力，满足其政治利益需求。教育部印发的《关于开展现代学徒制试点工作的意见》明确提出，支持行业协会参与中国特色现代学徒制。经济利益及政治利益二因叠加，会促使行业协会更加积极主动地参与到现代学徒制发展中，以提升技术技能人才培养的质量、效果和效率。但是，行业协会自身的行动能力又在一定程度上影响其参与现代学徒制发展的可能程度。当行业协会自身能力无法满足市场需求或应对市场竞争的时候，行业协会会产生与职业院校合作的欲望，职业院校教育水平越高、科研能力越强，对行业协会的吸引力越大，行业协会可通过与职业院校合作，提升自身实力获得更多利益。要想推动行业协会参与现代学徒制发展，促使其自身提升参与能力，产生主观参与欲望和动机至关重要，是必要前提。利益要素、责任要素以及行业协会主体要素相互联系与制约，相互作用，共同催生了行业协会参与的内在动力。

（二）外部动力

当行业协会主观产生参与的欲望和动机后，外部要素的拉动、助推和约束会促进其参与意愿成为现实，并保证行业协会能够切实有效地执行制度安排和参与路径设计。市场驱动力、科技发展水平拉动力、法律法规与非正式规范约束力、政府支持引导力以及高校资源能力吸引力共同构成了行业协会参与现代学徒制发展的重要外部动力。行业协会参与现代学徒制发展的过程，一方面是行业协会内部动力要素自发作用的结果，另一方面是外部动力要素刺激内部需求，并使需求得到满足的过程。外部动因必须诱导、驱动、作用或者转化为内部动力才能真正形成可持续发展动力，推动行业协会参与现代学徒制发展。外部要素可以直接形成行业协会参与现代学徒制发展的拉力或者推力，也可能间接地通过激发、刺激内部要素形成推力，强化其参与行为。如政府制定法律法规明确规定行业协会参与职业教育的责任，形成约束力的同时使行业协会逐渐形成价值认同与追求，从而将参与现代学徒制发展内化为自身责任；再如社会传统、风俗习惯、大众期望等非正式规范对行业协会的价值观产生影响，进而提升其参与的可能性；政府还可以通过一定的经济手段，满足行业协会的经济利益需求，形成推力，激发其参与欲望等。

上述分析可以得出三条结论，第一，行业协会参与现代学徒制发展的首要动力要素是自身利益追求。第二，内部动力要素和外部动力要素之间并不是割裂的，而是一个内外互动、中介推动、多元结合、协调发展的系统。内部要素和外部要素缺一不可，二者互为前提，交叉作用，相辅相成。第三，只有将外部力量转化为内在的、自觉的动力，才能形成从内部推动参与的强大的持续驱动力量，真正助推行业协会参与现代学徒制发展。

综合以上分析，上述行业协会参与现代学徒制发展的各动力要素并非是孤立存在的，而是具有其内在联系结构的，如图7—1所示。

图7—1　动力要素内在联系结构

第二节　动力机制的作用原理分析及模型构建

一、动力机制的作用原理分析

本部分内容主要分析前述动力机制的各动力要素是如何发挥作用，继而推动行业协会参与现代学徒制发展的。以前文研究为基础，依据四类动力要素，本部分内容将行业协会参与现代学徒制发展动力机制的作用原理分为共同构成动力机制运行的四种子机制，即利益整合驱动机制、价值重塑机制、制度完善与创新机制和多主体合作机制。

（一）利益整合驱动机制

由动力机制结构分析可知，行业协会参与现代学徒制发展的首要动力要素是追求自身利益，并且各要素最终均作用于经济利益需求要素上，从而激发行业协会的参与动力，因此，利益整合驱动机制是激发各方积极参与现代学徒制发展内在动力的机制，是整个动力机制中最根本的子机制。需要指出的是，在此我们分析行业协会参与现代学徒制发展的利益需求，是一种双向的利益需求。既包括行业协会参与现代学徒制发展时的利益需求，也包括现代学徒制教育对行业协会的利益需求。只有充分掌握了各方的利益需求，寻求利益交集，探寻合作引力，建立保障制度，确定运行模式，才能够建立起既满足职业院校需求又能满足行业协会利益诉求的驱动机制，更深层次地解决行业协会参与现代学徒制发展利益的有效性问题，以保障行业协会参与现代学徒制教育发展的可持续性。若能够实现政府的利益诉求，将有助于政府为现代学徒制发展提供物质保障和政策支持，为行业企业提供优秀的技术技能型人才，为职业院校学生提供实习平台和就业机会，促进社会经济文化发展。若能够实现企业的利益诉求，将有助于调动企业参与现代学徒制发展的积极性，使企业积极配合政府政策的实施，克服自身投资职业教育的惰性，为多主体联动开展现代学徒教育做出独特贡献。行业协会本身就是一个利益共同体，若能够实现行业协会的利益诉求，将有助于站在行业的高度对现代学徒制进行指导，促进多主体合作形成长效机制。

当然，行业协会参与现代学徒制发展并不能只依靠自身利益驱动就能完成，而是需要多元利益主体的共同利益驱动才能实现。最佳的、理想状态是维护"企业—行业协会—政府—职业院校"四者生存发展的需求，在相关主体尤其是政府的激励、保障、维护、制约和影响下，找寻各利益主体之间利益上的平衡，通过经费保障、权益保障及制度保障尽可能地协调好利益诉求关系，处理好利益矛盾和冲突，确保功能发挥，防止过分的利益分化和利益失衡，以便形成科学的、合理的、均衡的利益格局。但是如何找寻各相关利益主体科学的利益契合点和平衡点的路径这一利益整合的核心问题，是现实中的一个难题。因此，充分调动各利益相关者的积极性和能动性，构建一系列互相促进、相互作用、互动共赢的利益运行机制，从根本上推动行业协会积极参与现代学徒制发展，是必需、必要的。利益整合驱动机制是有效保证各方利益、处理利益冲突的一个重要手段。

（二）价值重塑机制

从行为驱动的角度来看，行业协会参与现代学徒制发展单纯依靠利益驱动是不够的，也容易导致行业协会陷入营利者的角色之中，因此单靠利益驱动是有缺陷的，需要各利益相关者具有相应的正确价值导向和公共精神，最终实现公共利益最大化。但是，目前仍存在部分利益相关者一味追求营利、责任感缺失、不作为等倾向，基于此，价值重塑机制自然成为行业协会参与现代学徒制发展的重要子机制。

行业协会有一定的价值观念，其行为也受到价值导向的作用。行业协会共益性、中介性、独立性以及专业性等特征对于其参与现代学徒制发展有着十分重要的作用，同时其他相关主体的价值导向因素在不同程度上对于行业协会参与现代学徒制发展的影响也不容忽视。2019年颁布的《国家职业教育改革实施方案》强调要"厚植企业承担职业教育责任的社会环境，推动职业院校和行业企业形成命运共同体。"由此可见，若想实现行业协会参与现代学徒制发展公共利益最大化，必须避免特殊的公益与国家利益的混同导致行业协会自身职能失衡，以及行业协会在发展过程中过分追求自身的狭隘利益导致的自立性倾向等。作为各行为者需要形成凝聚在"公"上的共同价值观。

（三）制度完善与创新机制

制度激励通过制度设计将个体发展需求与组织发展愿景有机结合，充分激发个体积极主动性和创造性，在完成组织目标的同时，自身获得充分发展。[①] 制度是行业协会参与现代学徒制发展的重要保障。基于新制度主义理论，制度安排内在地包括"政府"的安排、"自愿合作"的团体安排及"个人"的安排。由此可见，政府在制度创新中发挥主导作用，制度创新行为也需要相关利益主体的鼓励和支持。政府是制度创新的主要主体，是驱动发展的主角，对职业教育有着不可忽视的影响力和推动力。在制度创新过程中，政府独特的社会地位和主导优势，可以统筹协调发展，有效地避免制度安排过于"碎片化"的情况，具有成本较低、动力较强及创新能力较强等优势。相关制度参与人的参与也关乎制度创新的合理性、有效性及科学性。此外，非正式制度安排也非常重要，只有打破传统观念、营造并积累社会资本，实现制度相关主体共同参与下的制度创新，才能有效地避免出现行业协会因无权利赋予、参与成本高、参与路径少以及参与能力有限等窘境。落地的制度创新机制是行业协会参与现代学徒制发展的强大动力，是不可或缺的子机制。

---

① 张杰：《推进以人为本的制度激励构建现代大学治理体系》，《中国高等教育》2014 年第 22 期。

（四）多主体合作机制

战略管理理论和资源依赖理论被普遍应用于研究组织合作的动机领域。战略管理理论在组织合作中的应用，主要着眼于合作单位通过审视外部环境带来的机遇和挑战，依据自身能力和所拥有的资源，在互惠互利的前提下，以合作的方式整合内部和外部资源，通过相互学习和能力模仿追求共同利益。① 资源依赖理论萌芽于 20 世纪 40 年代，在 20 世纪 70 年代以后被广泛应用到组织关系的研究中，关于组织合作的主要观点是，一个组织要生存就必须不断从外部环境中获得实物、资金、人力、信息、社会和政策合法性支持等资源，为此，该组织必须与其他组织进行交往和交易。② 依据系统论，任何单一要素所释放的能量和发挥的作用都是有限的，不能替代系统的合力。只有通过统筹协调，加强内外在要素的联系和整合，促进多要素统一，形成相辅相成、和谐统一的整体，方能集聚资源能量，形成综合优势，发挥聚合效应。因此，多主体合作是动力机制形成的重要保障。那么如何兼顾多方面利益，在利益相关者之间促进融合，建立一个良性互动的多方合作伙伴关系呢？构建动力机制过程中必须综合运用各种方法、力量、途径和手段，依靠科学的组织和管理方式，从而使动力机

---

① 蒋兴华等：《产学研战略联盟合作动机多理论视角研究及实证探讨》，《科技管理研究》2012 年第 13 期。

② Hillman A J，Withers M C，Collins B J. *Resource dependence theory：A review*[J]．Journal of Management，2009（6）：1404–1427.

制的各个子机制之间的相互协作，形成良性循环的局面。因此，行业协会参与现代学徒制"中国化"发展的重点应该放在协调好要素间的关系，妥善处理各要素之间的矛盾冲突，促进教育社会适应性和内在结构平衡上。构建多主体合作机制，可以借鉴"三棱锥"的结构原理，最终形成一个由利益相关者责任共担、协同合作、稳定和谐的互动机制（如图 7—2 所示）。

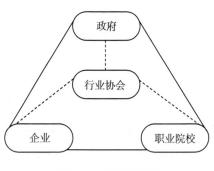

图 7—2　互动机制图

二、动力机制模型构建

通过对行业协会参与现代学徒制发展的动力要素、动力机制结构以及动力机制作用原理的研究，最终可建立各要素彼此相互联系、相互影响和相互作用的动力机制模型。如图 7—3 所示。

就目前而言，构建行业协会参与现代学徒制发展动力机制拥有理论支撑、政策依据以及一定的现实基础。行业协会参与现代学徒制发展重点是综合运用各种途径和手段，采用科学的方式，协调好要素间的关系，妥善处理各要素之间的矛盾冲突，使动力机制内各子机制相

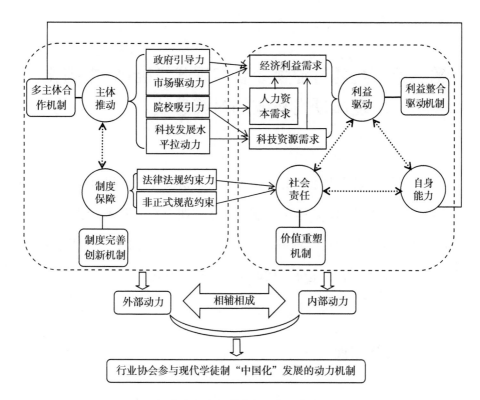

图7—3　行业协会参与现代学徒制"中国化"发展的动力机制

互协作，提高构建动力机制的可能性、可行性和现实可操作性。构建行业协会参与现代学徒制发展的动力机制是一个有起点，而无终结的过程，要以科学发展观为指导，体现符合规律的动力要素整合，加强顶层设计和统筹协调，确保政策衔接，使动力机制内各子机制相互协作、互联互通，形成纵向衔接、横向融通的动力结构，实现动力机制的有序推进、不断更迭升级和可持续，真正助推行业协会参与现代学徒制发展。

第三节　构建行业协会参与现代学徒制"中国化"发展动力机制的对策建议

从上述关于动力要素的分析来看，行业协会参与现代学徒制发展的动力系统主要涉及利益、价值、制度和主体四个变量因素。因此，本部分将行业协会参与现代学徒制发展动力机制的系统构建分为利益层面、价值层面、制度层面和主体层面四个方面进行阐述。

一、利益层面

（一）明确共同利益目标

黑格尔曾指出："那个使他们行动、给他们决定的存在的原动力，便是人类的需要、本能、兴趣和热情。我要把什么东西实行起来，成为事实，乃是我的热烈的愿望……假如我要为任何目的而活动，它无论如何必须是我的目的。我必须同时在这种参加中，贯彻我的目的，得到满足。"[1] 黑格尔不但明确提出了人的行为的"原动力"的概念，而且强调了只有反映、契合人的目的时，才能成为自觉满足自身需要活动的内在

---

① 　[德] 黑格尔:《历史哲学》，王造时译，三联书店 1956 年版，第 61 页。

动力。1964 年美国心理学家佛隆（Victor.H.Vroom）在《工作和激励》一书中，提出了解释行为激发程度的期望理论。佛隆指出，激发的力量＝效价 × 期望，即动机强度与效价及期望值成正比，个体行为动机的强度取决于效价的大小和期望值的高低，说明了利益目标对主体的激发力量。利益目标越远大、越明确具体、实现的可能性就越高，主体的行为动机就越强烈。也就是说，主体为实现目标，会付出极大的努力。如果效价为零乃至负值，则表明目标的实现对个人而言毫无意义。在这种情况下，无论目标实现的可能性有多大，个人都不会有追求目标的动机，也不会为此作出任何努力。换言之，利益目标如果不明确具体，将难以推动主体的行动。当利益目标形成之后，与目标相关的力量将始终存在，引导着主体朝着目标行动。由此可见，明确利益目标非常重要。选择并确定合理的利益相关者的共同利益目标是我们研究利益层面措施首先必须回答的问题。

如前文所述，行业协会的利益诉求未得到满足以及未形成多主体、多层面的利益驱动制约了行业协会参与现代学徒制的发展，因此，行业协会参与现代学徒制发展涉及的利益相关者之间的共同利益目标，是在诸多利益相关者之间寻求、掌握和控制好各个利益相关者的利益契合点，最大限度地调动利益相关者的积极性，实现各主体之间公平公正的竞争和整体利益最大化。那么，各利益相关者的利益契合点是什么便成为解决问题的关键。行业协会、政府、企业以及职业院校在参与现代学徒制发展中存在不完全相同的核心利益诉求侧重点。我们需要通过分析利益相关者的利益关切，最终总结归纳出利益相关者共同的核心利益诉求。所以，首先我们要分析的便是各利益相关者的利益诉求是什么。在我国，与职业教育密切相关的政府主要是中央和地方两级政府。总体来说，政府对职业教育改革发展的核心利益关切主要是保障就业、促进公平、改善民生。但由于对职业教育发展实际承担责任的不同，这两级政府对职业教育承担功能的期待也就是所谓的利益诉求还是有所不同的。地方政府的利益需求包括中央政府的利益需求，但是地方政府的利益诉求更具体、更有针对性、更实际；行业协会的利益诉求是需要重点关注的，只有充分满足行业协会的需求才能真正调动其参与现代学徒制发展的积极性，并保持一定的动力持续性。由于行业协会是政府职能转变的重要渠道之一，所以，行业协会层面在职业教育方面的核心利益关切与政府基本上是一致的；不同类型的企业会呈现出不同的利益诉求，与职业教育相关的利益诉求也呈现出多样化的特征，与行业协会的利益诉求有一定程度上的重合；职业院校是目前我国现代学徒制教育的重要参与主体，以育人为核心利益诉求，承担着职业教育的各种使命，同时对行业协会的参与也有一定的期待。各利益相关主体的主要利益诉求总结如表7—2所示。

表7—2　各利益相关主体的主要利益诉求

利益相关主体		主要利益诉求
政府	中央政府	提高劳动生产率，促进国家劳动力技能水平提高，提升劳动力配置效益，加速生产技术更新；促进社会稳定和谐发展；促进文化发展
	地方政府	为社会发展提供高质量的职业技术人才资源，服务区域经济发展；技术积累
行业协会		培养适应产业转型升级所需的高素质技能型人才；技术革新；提升知名度与美誉度，兼顾会员的利益

利益相关主体	主要利益诉求
职业院校	提升教育质量;学校获得高质量发展,提升学校竞争力、知名度与美誉度;服务区域产业发展;合理配置教育资源获得财政拨款及政策倾斜。现代学徒制发展对行业协会的利益需求主要包括:行业协会参与人才培养模式改革;技术、人才、学校基础能力提升支持;及时反馈人才需求信息;人才教育质量评价
企业	对企业准员工和潜在劳动力的需求;获得学校的技术支持,提升生产效益;降低招聘风险和投入成本;希望获得政府的拨款支持;履行社会责任,提升社会知名度

通过表7—2的总结,可以看出现代学徒制发展中利益相关者的核心利益诉求的契合点是:培养、供给技术技能型人才和降本增效人力资源建设。因此,当下要结合特定制度、经济环境等要求,化解利益冲突、注重整体的利益,构建均衡的利益关系,展开博弈调整。其一,通过政府的行政手段调控,做好利益协调的顶层设计,发挥政府统筹职业教育的权力,有效地将相关利益联结起来;其二,通过以"合同契约"为纽带的多方责任承担,保障各方利益最大化;其三,行业协会不仅要充分考虑到本行业全体内部成员的利益诉求,还应当最大限度地增进和关怀其他"利益相关者"的利益诉求;其四,以培养供给技术技能型人才和降本增效人力资源建设为利益共同点,建立政府、行业协会、企业与职业院校的"利益共同体"和"命运共同体",探索深层次的可持续发展关系。当然,现实生活中当实现了一种利益目标后,便会产生新的利益追求,新产生的利益目标又会激发新的实践活动来实现利益。如此往复,新的利益目标的出现和旧的利益目标的实现不断促进历史向前发展。

（二）构建利益制度

美国法学家庞德指出制度的根本任务是"尽其可能保护所有社会利益，并维持这些利益之间的、与保护所有利益相一致的某种平衡或协调。"任何制度的本质都是维护某一主体利益的利益制度。因为制度规定着利益的分配方式，决定着利益关系的状况。所以，制度建设能保障利益动力作用的发挥，社会的制度决定着利益实现的结果。但是，制度可以增强利益动力作用发挥，认可和激励符合制度要求的行为和思想的同时，也有规范和约束的功能，甚至可能阻碍利益的动力作用的发挥，因此，若要保障行业协会能实现预期利益，充分发挥利益的动力作用，就必须构建合理的利益制度。那么，何为"合理"的利益制度呢？在不同的历史时期和条件下，关于"合理"的理解并不相同。结合当前情况，合理的利益制度安排应能充分发挥利益的动力作用，体现公平与效率的统一，和谐与发展的统一，包含着机会均等和结果平等，能实现利益关系的真正和谐与协调均衡，促进人的利益实现。从而提高人们对现存利益关系的认同感，调动人们的积极性和进取心，使人们从内心认同现有制度的权威并主动遵守和践行，而不是在外部强制力下被动地追随和认同。

行业协会作为互益性经济社团组织，服务于特定的经济群体，加之其非营利性的特征决定了其服务于现代学徒制这种准公共产品时，需要由政府与企业共同提供财政支持与活动经费，支持行业协会有效开展活动，提高其参与积极性，承担职业教育治理职责。目前以政府投入为主导，行业、企业等多渠道筹措、受教育者合理分担的经费投入机制已经初步形成，只是还不够健全和稳定。因此，建议以现有法律为基础，完善经费稳定投入机制。首先，各级政府要建立与办学规模和培养要求相适应的财政投入制度。将政府提供经费支持的方式、规模和税收减免，纳入法律法规中进行明确规定。中央政府应加大宏观调控力度，完善分配制度，明晰各利益相关者的利益边界，强化资金导向，平衡资源配置，优化专项投资，增强实效；地方政府要加强统筹规划，在保证合理配置和有效使用中央财政性教育经费的前提下，加强区域职业教育发展规划，统筹合理分配资金，保证利益分配的科学性、合理性、公平性和有效性。其次，积极探索拓展资金来源渠道，鼓励社会组织力量的加入。将会员企业缴纳会费的方式和数额，行业协会收入用于现代学徒制发展投入的比例，职业教育或培训服务所得收入优惠等内容，纳入法律法规中进行明确规定，使社会各相关责任主体都成为职业教育投融资的担当者和参与者，形成共同的保障力量，为发展职业教育和构建动力机制奠定物质基础。相关职能部门也可以政府为激励主体，适当组织评选和奖励活动。政府除了为行业协会参与现代学徒制发展提供经费支持、教育拨款、财政补助及税费减免等传统形式外，还可以采用规模扩容、职业教育等级认证、荣誉称号等激励方式，鼓励行业协会、职业院校、企业等主体积极参与，形成规模化的合作合力。以进一步激发行业协会参与现代学徒制发展的积极性及动机，使其参与现代学徒制的思想从"要我参与"转变为"我要参与"。通过将潜在的需求引导到显性层面，调节物质利益关系，从而强化其自我补偿能力，激发其积极向上的动机并控制其行为的趋向，促进整体行动目标的实现，进而实现效用最大化。从而促进将行业协会的利益诉求转化为参与的动力，形成一种稳定的、长效的动力机制。最后，约束是行为成功的必要保证，因此在保证行业协会在参与现代学徒制发展中的参与收益，满足其物质需要的同时还要有适当的约束。政府部门要制定一定的约束性和处罚性条款，明确处罚的对象、情形及方式，确保行业协会履行相应的责任义务，持续性参与到现代学徒制当中去。

二、价值层面

（一）以立法规定行业协会承担社会责任

对权力资源实行法律保护与调控，是权力资源合法化的必经之途，当行业协会的社会权力与责任被上升为法律意识时，便可以通过国家强制力予以保障实施。行业协会的社会责任理念与原则应统一体现在相关立法之中；加强权力的法律保护是行业协会参与现代学徒制发展的合法性来源。社会的道德约束和法律控制到位，行业协会才能自觉履行社会责任，达成公共利益最大化的"善治"目标。一方面，建议制定统一的"行业协会法"。"行业协会法"明确行业、行业协会、行业组织与商会的区别与联系，强化行业协会社会责任的理念，凸显行业协会承担社会责任的重要性。同时，在法律中明确行业协会参与职业教育发展是其社会权力以及应该承担的社会责任，并规定行业协会应承担的社会责任以及责任如何判定等具体内容，使行业协会参与现代学徒制发展更为具体化与确定性，强化行业协会的社会责任意识与行为。同时可以加强法律法规约束力度，约束行业协会的自治权，促使其决策行为兼顾社会责任。另一方面，更具客观性的社会监督，是防止行业协会违反社会责任的有效屏障。因此，还应强化行业协会的社会监督机制，有效保证行业协会与社会利益的均衡发展。对于行业协会的社会监督可以借鉴、参考企业社会责任的社会监督模式，由权威的中立机构发布关于行业协会的社会责任报告，并交由社会舆论对其进行评价、打分和星级评定，以确保社会责任报告的准确性、客观性、全面性和可信度，通过彰显先进和鼓励后进，营造行业协会承担社会责任的良好氛围，有效激发行业协会承担社会责任的积极性，促使行业协会从自发走向自觉地承担社会责任，积极主动参与现代学徒制发展。

（二）加大对行业协会承担职业教育责任的舆论宣传

转变观念，增强意识，形成良好的社会氛围，是有效推进行业协会参与现代学徒制"中国化"发展的重要的社会基础。加大对行业协会承担职业教育责任的舆论宣传，增强非正式规范对行业协会行为和价值观的引领、支撑和约束。政府有必要抢占舆论宣传高地，通过各种社会媒体对行业协会参与现代学徒制发展进行适度、适当宣传，不断更新人们的观念和意识，使社会对此具有积极、正确的认知，从而不断提高行业协会的知名度和荣誉度，间接增加其未来潜在的经济效益，促进参与动力持续。同时，要加强对于行业协会的正向宣传，使行业协会意识到参与现代学徒制发展具有非常重要的意义。当行业协会超越外在的经济驱动与法律制约，真正自主、自发地参与职业教育发展，承担起推动教育链有机衔接产业链的社会责任之时，行业协会参与现代学徒制发展的动力也就具有了持续性。

（三）进行精神激励，激发行业协会参与的自觉性和主动性

有效激发行业协会参与现代学徒制"中国化"发展的自觉性和主动性，促进其积极参与推动现代学徒制发展的各项工作，是现代学徒制发展目标稳定实现的必要前提和基本保障。激励机制是维持系统可持续运行的关键，对于增强制度激励自觉性和实践性具有积极意义，精神激励是激活内生动力"源起"的主要方式。

可以通过对行业协会进行授权、认可工作绩效、提供发展和提升自身能力的机会等触及"人的灵魂"的激励方式，激发行业协会参与现代学徒制发展的工作热情，强化对现代学徒制的认同感，有效实现在目标指引下其经济功能与社会功能的延伸。进而增强行业协会的主体责任意识，充分发挥行业协会作为全行业各方利益协调者的作用，实现以自身凝聚力带动相关利益者发展的目标，最终建立多元利益主体间的良性互动关系，从而实现现代学徒制"中国化"发展以及行业协会自身完善和发展的目的。同时，有必要建立各行业协会之间稳定的竞争机制。适当的竞争、适中的目标压力可以保持行业协会参与现代学徒制发展的积极性和热情，激发行业协会的潜能，促进有效形成现代学徒制中各相关利益主体的作用机制，并实现人才战略规划的长远意识。

三、制度层面

职业教育办学与人才培养涉及社会、政治、经济、科技、文化和生态等各个方面，因此，有必要建立良好的关系和营造互动环境，否则开展教育培训工作将寸步难行。在这方面，我们有必要向政府借力，建立平衡的协调机制，形成适合职业教育发展的社会条件，确保职业教育"进口"与"出口"畅通。运用制度杠杆，改革创新，协调和平衡动力主体责任与权利的关系，增强自我意识，激发积极性，增强能动性，为构建动力机制打下坚实的基础。这是解决当前行业企业在合作办学中参与积极性不高和社会群体在职业教育发展中左顾右盼问题的根本途径。建立健全行业协会参与现代学徒制发展的动力机制，必须建立一个以法治为准绳，以政府为主导，行业协会、企业、职业院校和社会各界广泛参与的联盟共治型的教育模式。政府主导是推动行业协会有效参与现代学徒制发展的牵引力，牵引力是政府主动性与引导性的体现。政府可以实施多项措施，支持行业协会的参与，并为其指明方向。一方面，从目前现状和改革趋势来看，有法可依是行业协会参与现代学徒制发展的必要前提。在政策引导方面，政府作为政策的推动者和决策者，可以通过立法方式，制定和颁布相关的法律法规以及行政规章制度，给予行业协会参与职业教育一定的政策优惠，为促进职业教育发展与构建动力机制提供政策决策力和支持力。另一方面，为了促进行业协会更加有效地参与现代学徒制的发展，我国应当建立健全透明的监督机制，通过政府、学校、企业和个人对行业协会参与现代学徒制发展的过程进行有效的监督和促进，定期对参与各方的行为进行评价、反馈并予以公布，从而促进实现教育与经济共同发展的现实需要。

（一）完善相关法律法规，形成动力保障力

无规矩不成方圆，完善的立法支持与社会保障是重要的保障力，是行为成功的保证。政府通过制定方针政策与法律法规，积极引导、扶持行业协会健康发展，鼓励其参与现代学徒制发展，同时规范行业协会行为，有效地推动政府与行业协会实现良性的合作互动，推动行业协会参与现代学徒制发展的实现。这是形成动力机制的根本保障，也是促进教育民主、公平、公正的重要保证。

顺利生成动力及保证动力持续都需要一定的保障措施，制度建设应以科学发展观为指导，应始终围绕人的根本核心价值设计内容、形成机制，发挥导向作用。为保证行业协会参与职业教育作用机制的合理运行，国家相关部门应以"掌舵者"的角色"自上而下"地从顶层设计出发，鼓励多主体建言献策、群力群策，制定出更为科学、合理、更具可行性的法律法规及优惠政策的具体实施和奖励办法等，为行业协会参与职业教育并发挥其影响力提供保障，创造良好的制度环境，从而确保职业教育发展中相关利益主体多边利益的实现，保证政策的有效落实与全面执行。其一，以政策为导向，督促行业协会参与现代学徒制发展，厘清行业协会在现代学徒制教育办学中的定位与角色。政府应从制度层面明确和细化行业协会在参与现代学徒制发展过程中的权、责、利，科学确立其参与现代学徒制管理、监督和决策的相应权利，合理划分责任范围，

明确行业协会参与现代学徒制教育的受益程度以及社会地位，保障其他任何机构不得侵犯和干涉其正常活动及合法权益。其二，根据我国每个地区不同的经济发展状况，制定相应的税收优惠和经费支持政策，为行业协会及企业参与现代学徒制发展提供保障。这样才会给行业协会足够的动力，进而让行业协会在参与现代学徒制发展中积极履行社会责任，更好地在社会中发挥自身价值。通过制度化建设及强制性保障的外在推力，形成行业协会参与现代学徒制"中国化"发展的内在动力机制，进而提高其服务、组织及管理的能力，并不断延展其参与的深度和广度。

政府出台相关制度化、规范化的法律、法规、政策时，相关条文要周详深入，具有可操作性和针对性，明确行业协会参与现代学徒制发展的具体职责以及实现参与现代学徒制发展的途径与方式等，解决政策规定过于笼统、不能落地生根或者执行不力等问题，充分调动行业协会与学校以及各级部门的积极性，协调好利益相关者之间的关系，从多个维度加以引导、鼓励和规范，形成较为成熟的管理体制，形成持续性动力。

（二）建立健全透明的监督机制

健全透明的监督机制，一方面监督政府政策落实情况，另一方面监督行业协会参与现代学徒制发展社会责任履行情况。可以确立每隔一定时期如半年检查政府政策落实情况的第三方评价机构，将行业协会深度参与现代学徒制发展的主体责任落到实处，适度奖励积极参与现代学徒制发展的行业协会，切实保障行业协会深度参与现代学徒制发展的自身利益和社会效益，实现行业协会与职业院校之间的良好互动，有效推动行业协会参与现代学徒制发展。政府相关部门也要依法依规加强对行业协会的监督管理，避免出现由于行业协会不当参与行为影响现代学徒制发展的现象，保证行业协会既"有为"又"有序"地促进现代学徒制发展。

四、主体层面

（一）打造多元主体共同体

现代学徒制教育是综合性教育类型，单一主体的参与无法形成最大合力，因此，需要纳入多元参与主体，重视各大主体之间的合作，打造多元主体共同体，深化理实互动教育。动力机制中有多个利益相关者，各主体都要发挥出各自的功能与优势。依据正协同效应的观点，当相互作用的效果与事物单独的效果一致时，自然会产生一种状态，即两个事物的个体效果的叠加不如它们的共存或合作好，即"1+1>2"的效果。因此，动力机制中的各利益相关者相互协同、相互合作可以不断放大效果，最终实现最优。相比较普通教育，现代学徒制教育是一个跨界教育，需要多元主体的支持与积极参与。

行业协会参与现代学徒制发展离不开多主体互动的支撑。因此，要将各个利益相关者汇聚到一起，打造出行业协会、职业院校、政府、企业、学徒等相关的共同体，将"合作共赢"作为核心理念，实现"零距离"政行校企对话机制，促进共同发展。打造出共同体的关键是要体现出参与主体价值共识，形成一个统一的价值观。价值观是对某类事物特征及意义进行价值判断的根本观点，引导、制约和规范着组织成员的实践活动和全部组织生活。只有组织成员对组织价值观充分内化后，才能将组织使命转化为实际行动，对组织的发展产生实质性影响。[①] 具体来说形成统一的共同价值观可以从以下三个方面入手：第一，建立合理有效的前景导向机制。将相关主体的共同目标制定为激发和引导主体自觉参与，有效融合，并形成合力，这样才能够真正激发出发展动力。同时，各主体的需求存在一定的差异性，因此，在构建动力机制过程中，需要超越单一主体利益，保证在目标上的认同性，形成有效的融合和统一。这就需要将培养核心价值观作为融合发展的一个切入点，促使行业文化、政府文化、校园文化以及企业文化等实现融合发展。第二，需要构建出有效的、民主协商机制，真正建立起民主、有效的沟通机制以及平台，保证各主体都能够均等享受参与身份的话语权；明确个体利益、公共利益的边界，消除只追求自身利益最大化而挤压其他主体权益空间以及彼此不合作等现象，将合力的作用最大限度地发挥出来。第三，当代经济体制下的现代学徒制教育参与主体有很多，政府应当在制定相关政策时考虑让不同的参与主体发挥其应有的作用和力量，明确不同责任主体的职责，协调好行业协会与学校以及各级部门之间的关系，从而保证不同主体能够在现代学徒制教育中发挥最大的作用。

[①] 范小强等：《组织价值观与人的价值实现——兼论高校学生社团组织价值观建设》，《高等农业教育》2016 年第 4 期。

（二）各主体主动作为激发行业协会参与动力

行业协会参与现代学徒制发展动力的提高不仅涉及行业协会自身，而且与政府、职业院校以及企业等多元主体息息相关。行业协会应该从自身的整体发展和承担社会责任的角度出发，在政府主导的前提下，走内涵式发展道路，实现自身成长、实现价值的同时，与职业院校及企业共同承担起培养社会所需人才的责任。这也决定了行业协会参与能力的提高不是一概而论或一蹴而就的事情，需要多元主体主动作为、共同激发行业协会参与的动力。

1. 政府

政府的接纳、认同和支持对于有效推动行业协会参与现代学徒制发展尤为关键，只有获得政府的认同，行业协会才能在与政府的互动合作中实现真正的参与。政府行政决策态度和行为方式，体现一种价值倾向和选择，代表国家与民众意志和利益，具有权威性、规范性和导向性特征。这是一个自上而下的执行反馈循环过程。政府作为一切活动的宏观调控部门，应实现思想观念的彻底革命，进一步推动行政管理体制改革，构建责任有限的服务型政府，有效地约束政府的公共权力并提升政府的现代治理理念，遵循"减法逻辑"，在"行业—企业—学校"之间树立利益"共同体"意识，共同致力于公共利益的最大化。将适宜或应当由行业协会承担的事宜通过授权、委托等方式交其处理，留足参与空间，允许行业协会在中观层面充分发挥沟通、协调职能，形成以政府为主导、以行业为指导的合作模式，使行业协会成为现代学徒制发展决策运行与监管的主体。通过制度放权和政策激励，行业协会能获得更多的决策建议权同时能提高执行力，根据国家发展规划整合行业资源，实现行业的国际国内战略布局和中长期发展计划，促进现代学徒制可持续发展。

2.职业院校主动加强与行业协会的沟通

（1）提高市场意识，主动联系行业协会

从学校内部管理体制来看，始终缺少企业和行业协会的参与，这使职业院校对于企业需求了解甚少，也无法实时更新教学计划。从内容到形式都存在现代学徒教育与经济发展相互脱节的现象。从这点来看，职业院校应提高市场意识，主动联系行业协会。目前，在我国行业协会的公信力不足，导致很多职业院校主动与行业协会沟通或合作的意愿不强，由于信息沟通的不顺畅，职业院校的人才供给不能与社会需求形成动态平衡。职业院校作为人力资源的提供方、现代学徒制的参与主体，应当争取获得政府的支持与重视，更新传统观念，主动联络行业协会。加强与同一行业内的多个企业进行交流，形成校企之间平等而又合理的对话机制，紧跟行业发展动态，了解行业对人才的需求，与行业协会或行业企业共同制定人才培养方案、规范专业学科建设、设置课程等。职业院校可以借助行业协会的资源，定期联合行业协会邀请各行业内有名的企业家，组织大型职业教育讲座、开展交流会、技能大赛等，对学生进行就业方面的指导，同时利用行业企业为职业院校提供实习场地和实习的机会，加强与行业协会的联系，一方面，帮助学生了解各行各业的文化，让学生到实践中学习，清楚自己的奋斗目标，提前适应工作的节奏，为将来踏入社会做足准备。另一方面，提高职业院校与行业协会沟通联系的主动性和有效性，真正实现与行业协会互惠共利的目标。最后，保证行业协会在现代学徒制发展过程中形成长效作用机制的主要因素之一是职业院校自身的能力建设。职业院校还可以不断提高自身包括加强师资队伍建设、完善设施配备、提高教学质量、改革课程教学以及增强研发能力等方面的合作能力，通过主动作为吸引行业协会积极参与。

（2）提升人才培养质量

行业协会在参与现代学徒制发展过程中，最希望职业院校的专业设置和人才培养目标能够更加贴合本行业发展的实际，为行业培养适用的准员工，满足本行业的劳动力需求。与此同时，行业协会还希望职业院校在人才培养过程中，宣传行业的发展趋势、文化品质，提高学徒毕业后从事本行业相关工作的兴趣等。基于此，开展现代学徒制的职业院校应该以社会需求为导向，在校园内营造职业文化，合理利用和科学配置资源，树立"大国工匠"意识，从质量抓起，努力培养智慧型的技术技能人才、"工人院士"和"技术大师"。教育发展的相对独立性要求发展教育事业必须适时优先，以迎接经济社会和学习化社会的快速发展。现有现代学徒制的组织形式、体制和规模都必须对接未来社会进步对人才提出的要求。因此，教育不单单是教授知识，更应该体现为应对快速变革的社会挑战的践行勇气与思维方式。现代学徒制教育要正确处理职业教育与社会发展的未来需求、实际需求之间的关系，并不断预测职业教育未来的发展空间，把满足未来的需求作为出发点和归宿，培养适应社会经济转型与产业结构升级的高素质技术技能人才，促进人的全面发展，这是行业协会与职业院校共同的利益契合点。

3. 企业

企业是否能得到发展并满足成长需求是其一切行为的动力源。希望国家相关职能部门给予参与现代学徒制试点项目的企业，充分享受国家产教融合型企业政策红利（土地、税收、贷款等）的权利。只有让企业真正享受了国家的政策红利，其参与现代学徒制试点项目的积极性才会有效提高。否则，合作企业仅凭行业牵头、学校业务联系以及学生人力资源回报作为投入经费的理由，有些企业不能表现出高度积极性。企业参与现代学徒制试点工作，如果没有财政经费投入，合作之路无法长久持续。同时，参与试点工作的院校，需要拿出强势和优势专业进行现代学徒制试点。只有这样，高水平的师资才能有效供给企业的技术需求，实现校企的同频共振，促进企业技术革新、提升企业产品质量以及升级生产方式，这样，企业便会获得更大利润和保持持续发展，作为行业协会的会员企业才有能力给予行业协会必要的物质或资金援助，从而增加行业协会参与的可能性和参与欲望。

企业参与现代学徒制发展可以与行业协会共同承担职业教育责任。1979年阿奇·卡罗尔提出的企业社会责任"金字塔"模型指出，虽然经济责任是最基本、最重要的社会责任，但是并不是唯一责任，企业成长还应承担更多的责任和任务。因此，企业在实现经济发展的同时，还应与行业协会树立"合作共赢"的意识，利用手中资源，深度参与现代学徒制发展。企业通过参与现代学徒制发展，可以树立良好的社会形象，全社会参与职业教育的氛围也会因企业的热心参与而被调动起来，从而形成良好的经济循环体制。

4.行业协会提升自身行动能力

实践中，有些时候并不是行业协会自身缺乏参与现代学徒制发展的愿望和意识，而有可能是自身行动能力不足致使其最终无能力参与，不得不放弃参与。因此，行业协会要想在现代学徒制发展中获得合理地位，维持持续的动力，必须加强自身行动能力建设，强化行业协会法人治理结构、优化内部人员结构、充分利用自身的综合资源与信息优势加快行业协会"脱钩"步伐。

（1）强化行业协会法人治理结构

善于管理资源、优化法人治理结构是保证行业协会参与现代学徒制健康可持续发展的必要条件。行业协会需要进一步完善法人治理结构，树立现代科学的管理理念，通过行之有效的法人治理结构设置，开拓其生存与发展空间，保持参与现代学徒制发展的动力。第一，协调配合行业协会的权力机构、执行机构及监督机构，三者协调配合并相互制衡，做到分工明确、职责清晰。第二，行业协会应遵循"自治、法治、制衡、民主"的基本原则，在内部建立起包括选举制度、工作制度、日常管理制度、财务制度等在内的民主、规范的运行机制，保证运作效率，实行决策与执行过程透明化，避免行业协会被部分或个别主要会员操纵。第三，完善行业协会章程，将参与现代学徒制发展的职责、激励、保障以及惩罚措施等列为章程重要条款，使行业协会参与职业教育发展步入制度化。第四，建议行业协会内部成立资源管理部门，明确教育资源与产业资源管理规范。行业协会应与各相关主体共同制定《行业协会资源管理办法》，进而激发其积极提供公共物品的意愿并促进其采取实际行动。

（2）优化内部人员结构

行业协会是非营利性组织，很难拥有行政权力或者其他权力，组织运转的成功与否很大程度上取决于领导者与成员。因此，拥有高素质的领导和工作人员，是行业协会组织有效率和承担责任的关键。首先，应发挥领导带头作用，带领行业协会确立参与职业教育的目标、实施计划并确保其有效实施，使行业协会在参与现代学徒制发展中始终处于良性运行状态。要加强对行业协会管理者有关社会责任理论知识的培训，提高行业协会领导者的职业素养、业务水平与能力、社会责任感和参与职业教育发展的意识，使行业协会管理者具有长远发展的战略眼光，充分发挥行业协会管理者对于社会责任行为的影响。借助于行业协会领导者的个人魅力及影响力，确保组织运作顺利开展。其次，在人才体系构成方面，改革人事制度，实行社会公开招聘，严格把控行业协会工作人员的选拔标准以及招聘要求，建立优秀人才选拔机制，将更多的社会上或者行业内具有职业情怀、热爱职业教育的专业性人才吸纳进行业协会，整体提升行业协会内部工作人员的能力。最后，强化责任意识。在内部员工中树立起参与职业教育就是促进社会发展的强烈社会责任感，使行业协会真正代表全行业职业教育利益诉求，处理好利与义、特殊利益与共同利益的关系，使社会责任体现为一种更高层次的关注公共领域的伦理责任与慈善责任。

（3）充分利用自身的综合资源与信息优势

行业协会是集社会信息与资源于一体的第三方，在参与现代学徒制发展过程中，应根据经济与产业发展需求，集中优势资源，在组织内部设立专门负责处理职业教育方面相关事务的技能委员会或者职业教育委员会，增强其参与现代学徒制发展的能力。行业协会也应呼吁并积极参与推动、制定、完善相关法律法规，依据政策法规，推进产教融合，校企合作，督促监管企业承担履行职业教育的责任与义务，举办或合作办学，强化校企协同育人，确保主体作用的充分发挥。最后，充分发挥其对管辖企业的号召力，扩大现代学徒制项目企业的参与度，吸引更多的企业参与现代学徒制育人，在行业协会的统领下，有计划地实施现代学徒制工作，并不断完善现代学徒制试点工作方案。

（4）加快行业协会"脱钩"步伐

加快行业协会"脱钩"步伐，厘清与行政机关的职能边界，是完善我国社会治理体系的需要；是加快形成政社分开、权责明确、依法自治现代社会组织制度的需要；是深化机构改革建立合理政社关系的需要。自2005年以来，我国行业协会按照中央的要求努力进行脱钩改革。加快行业协会的脱钩步伐，有利于推动行业协会自主参与职业教育发展。因此，政府应尽快将属于行业协会的自主发展权与职业教育参与权还给行业协会，使其与政府管理机构具有同等重要地位，政府职权既不能缺位也不能越权。在后脱钩时代行业协会需要自我增能，在强调以服务会员为中心基础上，实现社会借道行政，以社会力量的服务思维弥补行政体系的服务不足，在规范企业行为和促进现代学徒制发展方面发挥桥梁纽带作用，承担起国家与政府赋予其发展职业教育的权利和义务，尊重政府的公共权威，在国家法律规范给予的自由限度内，积极扶助政府优化职业教育，对其自身事务进行自治的同时顾及成员企业及其他利益相关者，处理好服务会员与服务政府的行业政策以及承担一定的社会责任之间的关系。使行政体系的管理功能更加集中，服务功能有效分流，从而达成对行业协会组织的增能，提升行业协会的行动能力，促进其参与现代学徒制"中国化"发展。

（5）明确界定工作任务

第一，有色金属工业人才中心作为第一批顺利通过验收的行业协会试点单位，在总结参与现代学徒制发展过程中存在的问题与建议时指出，现代学徒制试点工作中行业试点单位的作用应该明确界定，并且要求试点行业牵头单位对一个试点专业不能只设立一个试点院校，至少设立3个试点院校，这样行业试点才具有普遍意义。由此可见，明确界定行业协会参与现代学徒制发展的工作任务十分重要。

第二，行业协会应该明确自身定位，在政府、职业院校和企业之间进行有效的协调，减少各相关主体反复沟通的环节与过程，促进现代学徒制又好又快地发展。

第三，行业协会应该增强主体责任意识，统筹区域内学徒培养计划，优化职教资源在各级各类职业院校之间以及不同专业之间的配置，用最少的投入培养出更多的合格人才，使有限的教育资源得到充分合理的应用，这不仅符合人力资本理论的投资规律，还能促进实现职业教育与经济共同发展。

　　第四，行业协会应该通过提供行业标准与岗位能力制定、劳动力市场预测等服务，指导职业院校合理设置或调整专业结构，改革课程内容与方法，创新人才培养模式，参与教师职称评定、职业资格证书鉴定和办学质量评估，开展业务培训等，保证职业院校的人才培养与市场需求相对接，更多地将院校的理论技术转化成现实生产力，提高学校办学效率、质量及学生的就业率。

参考文献

［1］石伟平:《比较职业技术教育》,华东师范大学出版社 2001 年版。

［2］关晶:《职业教育现代学徒制的比较与借鉴》,湖南师范大学出版社 2016 年版。

［3］姜大源:《当代德国职业教育主流教学思想研究——理论、实践与创新》,清华大学出版社 2007 年版。

［4］匡瑛:《比较高等职业教育:发展与改革》,上海教育出版社 2009 年版。

［5］杰西·洛佩兹等:《社会结构》,允春喜译,吉林人民出版社 2007 年版。

［6］［日］细谷俊夫:《技术教育概论》,肇永和等译,清华大学出版社 1984 年版。

［7］(中国台湾)杨朝祥:《技术职业教育辞典》,三民书局 1984 年版。

［8］景朝阳等:《中国行业协会商会发展报告》,社会科学文献出版社 2014 年版。

［9］赵向莉:《我国行业协会的功能问题——从企业信誉缺失角度出发》,西安交通大学出版社 2017 年版。

[10] 陈俊兰：《职业教育现代学徒制研究》，湖南大学出版社 2016 年版。

[11] 贾西津等：《转型时期的行业协会》，社会科学文献出版社 2004 年版。

[12] 蒋旋新：《中国特色职业教育体系论纲》，知识产权出版社 2017 年版。

[13] 汪士信：《我国手工业行会的产生、性质及其作用》，见《中国社会科学院经济研究所集刊》（二），中国社会科学出版社 1981 年版。

[14] 米靖：《中国职业教育史研究》，上海教育出版社 2009 年版。

[15] 赵靖：《穆藕初文集》，北京大学出版社 1995 年版。

[16] 彭泽益：《中国近代工商行会史料集（上册）》，中华书局 1995 年版。

[17] 彭泽益：《中国近代手工业史资料·第二卷》，三联书店 1957 年版。

[18] 李华：《明清以来北京工商会馆碑刻选编》，文物出版社 1980 年版。

[19] 刘晓：《利益相关者参与下的高等职业教育办学模式改革研究》，浙江大学出版社 2015 年版。

[20] 国家教委职业技术教育中心研究所：《历史与现状：德国双元制职业教育》，经济科学出版社 1998 年版。

[21] 高德步等：《世纪经济史》，中国人民大学出版社 2001 年版。

[22] 刘淑兰：《主要资本主义国家近现代经济史》，中国人民大学出版社 1987 年版。

[23] 戴本博：《外国教育史（上）》，人民教育出版社 1989 年版。

[24] 王根顺等：《高等职业技术概论》，民族出版社 2004 年版。

[25] 孙祖复等：《德国职业技术教育史》，浙江教育出版社 2000 年版。

[26] 陈莹：《论德国职业教育本质特征及其发展动力》，三联书店 2015 年版。

[27] 克里斯托弗·福尔:《1945 年以来的德国教育：概览与问题》，人民教育出版社 2002 年版。

[28] 钱民辉:《教育社会学概论（第三版）》，北京大学出版社 2010 年版。

[29] 赵志群:《职业教育与培训学习新概念》，科学出版社 2003 年版。

[30] [德] 黑格尔:《历史哲学》，王造时译，三联书店 1956 年版。

[31] 马克思等:《马克思恩格斯全集（第 3 卷）》，人民出版社 1960 年版。

[32] 联合国教科文组织国际教育发展委员会:《学会生存——教育世界的今天和明天》，上海译文出版社 1982 年版。

[33] 贾西津等:《转型时期的行业协会——角色、功能与管理体制》，社会科学文献出版社 2004 年版。

[34] [美] 凯瑟琳·西伦:《制度是如何演化的：德国、英国、美国和日本的技能政治经济学》，王星译，上海人民出版社 2010 年版。

[35] 石伟平等:《世界职业教育体系的比较》，《职教论坛》2004 年第 1 期。

[36] 徐国庆:《高职教育发展现代学徒制的策略：基于现代性的分析》，《江苏高教》2017 年第 1 期。

[37] 徐国庆:《我国职业教育现代学徒制构建中的关键问题》，《华东师范大学学报（教育科学版)》2017 年第 1 期。

[38] 徐国庆:《中国的民间学徒制》，《职教论坛》2006 年第 1 期。

[39] 王名等:《行业协会论纲》，《经济界》2004 年第 1 期。

[40] 刘晓梅:《行业协会参与职业教育产教深度融合研究》，《教育与职业》2018 年第 17 期。

[41] 李鹏等:《职业教育学习评价元评估：四维尺度分析》，《重庆高教研究》2020 年第 3 期。

[42] 桑雷:《中国特色现代学徒制的三维透视：内涵、困境及突破》，《现代教育管理》2016 年第 6 期。

[43] 樊大跃等：《从英国伦敦城市行业协会看行业协会的教育功能》，《职业教育研究》2007 年第 1 期。

[44] 关晶：《西方学徒制的历史演变与思考》，《华东师范大学学报（教科版）》2010 年第 1 期。

[45] 黄日强：《行业协会在加拿大社区学院职业教育中的作用》，《东华理工大学学报（社会科学版）》2012 年第 1 期。

[46] 郭薇等：《行业协会与政府合作治理市场的可能性及限度》，《东北大学学报》2013 年第 1 期。

[47] 张栋梁：《行业协会在企业参与职业教育制度构建中的功能探讨》，《职教通讯》2015 年第 34 期。

[48] 姜伟军：《行业协会商会承接政府职能转移模式创新研究》，《浙江工商职业技术学院学报》2019 年第 12 期。

[49] 孙立家：《中国古代职业教育的主要教育形式——艺徒制》，《职业技术教育》2007 年第 7 期。

[50] 雷前虎等：《我国学徒制的历史演变及思考》，《邢台职业技术学院学报》2016 年第 10 期。

[51] 魏天安：《行商坐贾与宋代行会的形成》，《中州学刊》1997 年第 1 期。

[52] 李华：《明清以来的工商业行会》，《历史研究》1978 年第 4 期。

[53] 刘晓：《我国学徒制发展的历史考略》，《职业技术教育》2011 年第 9 期。

[54] 殷俊玲：《晋商学徒制习俗礼仪初考》，《山西大学学报（哲学社会科学版）》2005 年第 1 期。

[55] 朱国华等：《中国特色现代学徒制的问题导向、三大核心关系及制度设计》，《成人教育》2020 年第 10 期。

[56] 周红利等：《人力资本理论视域的德国现代学徒制研究》，《高教探索》2014 年第 4 期。

[57] 丁云霞:《协企共建橡胶轮胎行业育才"黄埔"——"行业职业教育"中国橡胶工业协会先行一步》,《中国橡胶》2006 年第 1 期。

[58] 张勇等:《职业教育中的学徒制:英国与德国之比较》,《江苏高教》2015 年第 1 期。

[59] 刘立新:《德国联邦政府通过〈职业教育法修订案〉》,《世界教育信息》2019 年第 13 期。

[60] 焦健等:《从传统到现代:西方学徒制发展的历史变迁与现实价值》,《当代职业教育》2018 年第 2 期。

[61] 刘晓梅:《行业协会参与职业教育产教深度融合研究》,《教育与职业》2018 年第 9 期。

[62] 何杨勇:《德国和瑞士双元制学徒培训制度的分析与启示》,《当代职业教育》2020 年第 2 期。

[63] 徐坚:《中德职业教育合作新阶段发展对策分析——德国联邦教育与研究部〈中国战略 2015—2020〉解读》,《江苏教育》2018 年第 3 期。

[64] 董琦等:《德国商会在职业教育中的地位与作用》,《职教通讯》2001 年第 12 期。

[65] 丁红玲等:《德国行会组织参与职业教育的文化及制度保障》,《职教论坛》2018 年第 7 期。

[66] 陈明昆:《英、法、德三国职业培训模式生成的社会文化背景分析》,《外国教育研究》2008 年第 1 期。

[67] 姜大源等:《(德国)联邦职业教育法(BBiG)》,《中国职业技术教育》2005 年第 35 期。

[68] 邓志军等:《论德国行业协会参与职业教育的途径和特点》,《中国职业技术教育》2010 年第 19 期。

[69] 张杰:《推进以人为本的制度激励构建现代大学治理体系》,《中国高等教育》2014 年第 22 期。

[70] 蒋兴华等:《产学研战略联盟合作动机多理论视角研究及实证探

讨》，《科技管理研究》2012 年第 13 期。

[71] 范小强等：《组织价值观与人的价值实现——兼论高校学生社团组织价值观建设》，《高等农业教育》2016 年第 4 期。

[72] 徐家良：《行业协会承接政府职能转移特征分析》，《上海师范大学学报（哲学社会科学版)》2015 年第 9 期。

[73] 蔡跃等：《从〈联邦职业教育法〉看德国行会在职业教育中的作用》，《教育理论与实践》2011 年第 2 期。

[74] 吴一鸣等：《利益相关者视角下职业教育发展的动力机制》，《职教论坛》2014 年第 9 期。

[75] 古翠凤等：《行业协会参与高等职业教育的作用机制研究》，《职业技术教育》2020 年第 34 期。

[76] 陈俊兰：《现代学徒制的合理性、现实性与合法性研究》，《职教论坛》2014 年第 6 期。

[77] 彭南生：《近代学徒的社会状况及社会流动》，《近代史学刊》2006 年第 3 期。

[78] 黄澜：《1949—1958 年工厂学徒制度研究——以上海市机电行业为例》，硕士学位论文，华东师范大学，2019 年。

[79] 李政：《职业教育现代学徒制的价值研究——知识论的视角》，博士学位论文，华东师范大学，2019 年。

[80] 朱春秋：《行业协会参与职业教育保障机制研究》，硕士学位论文，沈阳师范大学，2011 年。

[81] 屠世超：《契约视角下的行业自治研究——基于政府与市场关系的展开》，博士学位论文，华东政法大学，2008 年。

[82] 吴晓君：《脱钩背景下行业协会与政府互动关系研究——以工程建设行业中国 K 协会为例》，硕士学位论文，广西大学，2019 年。

[83] 贾旻：《行业协会参与现代职业教育治理研究》，博士学位论文，天津大学，2016 年。

[84] 陈莹:《"职业性":德国职业教育本质特征之研究——兼论职业教育发展动力》,博士学位论文,华东师范大学,2012 年。

[85] 冉云芳:《企业参与职业教育的成本收益分析》,博士学位论文,华东师范大学,2016 年。

[86] 段传龙:《作为共治主体的行业协会发展研究》,博士学位论文,西南政法大学,2019 年。

[87] 李晴晴:《高职院校"现代学徒制"外部环境保障策略研究》,硕士学位论文,西安大学,2013 年。

[88] 陈润根:《我国行业协会限制竞争行为规制范式的反思与改进》,博士学位论文,中南财经政法大学,2019 年。

[89] 吴学峰:《中国情境下现代学徒制的构建研究》,博士学位论文,华东师范大学,2019 年。

[90] 刘畅:《政府推进企业社会责任建设的机制研究》,硕士学位论文,首都经济贸易大学,2013 年。

[91] 陈跃峰:《利益动力论》,博士学位论文,中共中央党校,2015 年。

[92] 张立迁等:《高等学徒制:赋传统以新生》,《光明日报》2020 年 11 月 26 日。

[93] P.B. Gove, the Merrian-webster Editorrial Staff.Webster's Third New International Dictionary.Springfield, Massachusetts, USA: G.&C. Merrian Company, 1976.

[94] H.H.William, J.S.Levey.The New Columbia Encyclopedia.New York and London: Co-lumbia University Press.1975.

[95] P.Gonon.Apprenticeship as a model for the international architecture of TVET [A] . Z.Q.Zhao, F.Rauner, U.Hauschildt. Assuring the Acquisition of Expertise: Apprenticeship in the Modern Economy, 2011.

[96] Zabeck, J.Geschichte der Berufserziehung und ihrer Theorie [M] . Paderborn: Eusl-Verlagsgesellschaft mbH, 2009.

[97] Axmann, M. Overcoming the Work - inexperience Gap Through Quality Apprentices-hips—The ILO's Contribution. In Akoojee, S. Apprenticeship in a Globalized World: Premises, Pro-mises and Piufalls. Berlin: LIT VERLAG Dr. W. Hopf. 2013：19.

[98] EB/oL. http://www.cctv.com/entertainment/huanqiu/010911_huanqiu. html.

[99] Hillman A J, Withers M C, Collins B J.Resource dependence theory: A review, Journal of Management, 2009（6）.

[100] TremblayD.&Irène L..The German dual apprenticeship system analysis of its evolution and present challenges [R] . Montréal: Télé-université, Université du Québec, 2003.

[101] Wiarda, Howard J.. Corporatism and Development.The Portuguese Experience. Massachusetts: The University of Massachusetts Press, 1977.

[102] Encyclopedia Britannica: Vol.II [M] .Edinburgh: Encyclopedia Britannica, 1910.

[103] Harris R, Deissinger T.Learning cultures for apprenticeship: a comparison of Germany and Australia.Queensland Australia: Griffith University, 2003.

[104] Greinert, Wolf-Dietrich. Erwerbsqualifizierung jenseits des Industrialismus.Zu Geschichte und Reform des deutschen Systems der Berufsbildung [M] .Frankfurt am Main: C.A.F.B.-Verlag, 2008.

[105] Greinert W.. The German system of vocational education: history, organization, prospects.Baden Baden: Nomos Verl.-Ges., 1994.

[106] Bundes-ministerium für Bildung und Forschung.Berufsbil-dungsbericht 2017 [EB/OL] . Druck von Bonifatius GmbH, Paderborn.http//www.bmbf.de/pub/Berufsbildungsbericht_2017.pdf.p164.

[107] Bundesinstitut für Berufsbildung. Daten-repoert zum

Berufsbildungsbericht 2017 [EB/OL] .https://www. bibb.de/dokumente/pdf/ bibb_datenreport_2017_vorversion.pdf.

[108] Greinert W..The German system of vocational education: history, organization, prospects.Baden-Baden: Nomos Verl.-Ges., 1994.

[109] Lütge, F.Deutsche Sozial-und Wirtschaftsgeschichte [M] . 3. Auflage. Berlin, 1976.

[110] Berufsbildungsgesetz (BBiG) . Bunderministerium fuer Bildung und Forschung, 2007.

[111] Federal Ministry of Education and Research. Report on Vocational Education and Training 2015.

[112] Greinert, Wolf-Dietrich. Erwerbsqualifizierung jenseits des Industrialismus. Zu Geschichte und Reform des deutschen Systems der Berufsbildung . Frankfurt am Main : C.A.F.B.-Verlag, 2008.

[113] Delivering TVET through Quality Apprenticeships : Report of the UNESCO-UNEVOC virtual conference [EB/OL] (2015-6-26) [2017-01-02] . http //www.unevoc.unesco.org/up/2015eForum_Quality_Apprenticeships_ Report.pdf.

[114] Scoot J. L..Overview of career and technical education (4thed.) . Am-erican Technical Publisher Inc., 2008.

[115] See Joseph F.Bradley.The Role of Trade Association and Professional Business Society, University Park Pennsylvania, 1965 : 4.

[116] CHRISTIAN R, USCHI B G. High Quality Workplace Training and Innovation in Highly Developed Countries [R] .Economics of Education Working Paper Series, Paper No.0074, 2012.

责任编辑：高晓璐

图书在版编目（CIP）数据

行业协会参与现代学徒制发展的动力机制研究 / 崔宏伟，孙杨 著 . —
　北京：人民出版社，2023.2
ISBN 978 - 7 - 01 - 025120 - 2

I. ①行… 　II. ①崔…②孙… 　III. ①行业协会 - 关系 - 职业教育 - 学徒 -
教育制度 - 研究 - 中国 　IV. ① G719.22

中国版本图书馆 CIP 数据核字（2022）第 182273 号

行业协会参与现代学徒制发展的动力机制研究

HANGYE XIEHUI CANYU XIANDAI XUETUZHI FAZHAN DE DONGLI JIZHI YANJIU

崔宏伟　孙　杨　著

人 民 出 版 社 出版发行
（100706　北京市东城区隆福寺街 99 号）

北京九州迅驰传媒文化有限公司印刷　新华书店经销

2023 年 2 月第 1 版　2023 年 2 月北京第 1 次印刷
开本：710 毫米 × 1000 毫米 1/16　印张：15.75
字数：251 千字

ISBN 978 - 7 - 01 - 025120 - 2　定价：56.00 元

邮购地址 100706　北京市东城区隆福寺街 99 号
人民东方图书销售中心　电话（010）65250042　65289539